보릿고개

박태영 제3수필집
(팔순기념)

교음사

책을 내며

세 번째 수필집 『보릿고개』를 내면서

　팔순의 문턱에서 겨우 세 번째 수필집을 내려 합니다. 나는 단문하여 글을 자주 쓰거나 인기 있는 글은 쓰지 못하였습니다. 다만 글쓰기를 좋아하여 문단 활동을 하며 틈틈이 글을 써 왔습니다. 사실상 글은 나의 삶의 이야기요 살아온 흔적이었습니다. 그래서 수필을 좋아했는지도 모릅니다. 수필은 자기의 생각과 느낌을 꾸밈이 없이 진솔하게 나타내는 문학이라 여깁니다.
　인생을 살아가는데 어찌 즐거운 일만 있으리오. 아픔과 고통, 처절한 역경과 슬픔, 좌절과 갈등을 겪으면서도 참고 이겨내며 살아온 삶입니다. 누구나 자기 삶은 값지고 보배로운 것입니다.
　40년 교직생활을 마치고 오늘까지 살면서 참 미련도 많지만 감사할 일도 많습니다. 세월의 빠름이 너무 허무하고 아쉬울 뿐입니다. 좀 더 보람 있고 가치 있는 일을 하지 못한 것 같아 아쉬움도 많습니다. 육십 고비도 넘지 못하신 부모님에 비하면 난 덤으로 산 세월이 너무 많습니다. 팔순을 넘고 구십 중반의 나이까지 시랑 고랑 하며 살고 계시는 누이들이 짠하면서도 고맙습니다.

나는 많은 분의 도움으로 지금 이렇게 잘 살아왔다고 생각합니다. 큰 부는 이루지 못했지만, 남에게 손을 벌리지 않고 살아왔기 때문입니다. 가까이에서는 아내, 자식들, 그리고 친지, 자매는 물론 일가친척, 친구, 이웃분들이 있어 인생의 희로애락을 다 감당할 수 있었습니다. 그러나 어렸을 때 겪어야 했던 보릿고개 삶은 내 인생 내내 잊을 수가 없었습니다.

다행히 교직 퇴직 후 조용히 많은 공부를 할 수 있어서 좋았습니다. 평소에 하고 싶어도 하지 못한 취미활동, 그중에 서예, 그림 공부는 자아실현과 삶의 보람도 느끼게 했습니다. 글의 소재도 여기서 찾고, 반면교사로 삼고, 본보기로 여겼습니다.

그동안 문학동인지에 발표했던 글들을 이제 모아 출간하고자 합니다. 미흡하지만 헤아려 살펴 주시기 바랍니다. 이번 출판을 도와주신 월간 『수필문학』 강병욱 대표님께 감사를 올립니다.

2024년 6월 30일

서재에서 목우 박태영

차 례

▸ 책을 내며

1. 노후의 삶

　　세수(洗手)의 변 … 14
　　믿음의 확신 … 17
　　나의 삶의 공간 … 21
　　자랑스러운 한국인 … 24
　　노후(老後)의 삶 … 26
　　3D 회장 … 29
　　인생은 연극이다 … 32
　　삶의 짐 … 34
　　식목일 유감(有感) … 37

2. 산행을 하며

　　채만식 문학관 … 40
　　시인의 고향을 찾아서 … 43
　　최근 뜨는 베트남 여행길에서 … 46
　　문학기행 … 50
　　이국땅 연해주 … 54
　　무등산 오르는 날 … 58
　　산행을 하며 … 62
　　박경리 문학관을 찾아서 … 66
　　또 하나의 예향(藝鄕) … 70

3. 끝맺음이 좋아야

기본이 서면 … 78
인간의 지혜는 어디쯤 … 80
고전에의 향수(鄕愁) … 84
명화「기생충」이 주는 의미 … 87
끝맺음이 좋아야 … 91
생각은 자유다 … 94
고문(古文) 속에 진보(珍寶)가 있다 … 97
서예의 다양성과 창의성을 드높여 … 100
처음이란 … 102
모성(母性)은 강하다 … 106

4. 사후를 생각하며

죽음 앞에서 … 110
사후(死後)를 생각하며 … 113
화(火)내면 … 116
최상의 친구 … 118
낮잠 … 123
묘소(墓所)의 의미 … 127
아내의 트라우마 … 131
보릿고개 … 134
아내와 하루 … 137

5. 백두산 천지여

중국은 이제 … 142
일어서는 상해 … 145
북경은 지금 … 150
만주 땅에 … 155
드디어 백두산에 … 159
백두산 천지여! … 162
지금 만주 조선족은 … 167
서안에서 … 171
서안 비림, 화청지 … 175
원가계(猿家界)의 신비 … 179

6. 상유천당

보봉 호수에서 … 184
중국에서의 밤 기차여행 … 186
상유 천당 … 192
상해 … 196
일본 땅에 발을 … 199
오사카에서 … 207
호주 출발에 앞서 … 212
식물원 보타닉 가든에서 … 218
시드니에서 … 223
캐나다로 출발을 위해 … 227
첫 도착지 밴쿠버에서 … 231
밴쿠버 시내 … 236
린 캐넌과 그라우스 마운틴 … 239
빅토리아섬에서 … 242

1

노후의 삶

세수(洗手)의 변

아침마다 세수를 하면 턱수염을 깎아야 한다. 칠순 중반 나이이지만 수염이 안 보이니 노인 같지 않은 것이다. 하지만, 밖에 나가면 할아버지 말을 들으니 턱수염 없다고 늙게 안 보인 것은 아닌 모양이다.

저희 할아버님은 평생 상투를 트셨고, 턱수염을 길게 기르고 사셨다. 아버님도 50대에 한때 턱수염을 기르셨다. 왜 머리를 자르지 않으시고, 또 턱수염을 기르셨을까? 사실 옛날 어르신들은 거의 다 그렇게 사셨던 것이었다.

생각해보면, 지금처럼 근처에 이발소도 없고, 자를 만한 연장, 즉 가위나 면도 등이 없었기 때문이 아니었을까? 물론 가위 정도야 집마다 있었지만, 그 이것저것 함부로 쓴 무딘 가위로는 머리털을 자를 수 없었다. 내 어린 시절 이발소 없는 마을에 사는 나를 어머니께서 삭둑삭둑 잘라주었을 때 얼마나 아프고 눈물을 질금거리지 않을 수 없었던지, 어린 시절 기억이 가끔 떠오른다.

우리가 사는 시골 오지 마을에는, 아니 이웃 마을에도 이발소는 없었다. 정 이발소를 찾으려면 십 리나 되는 먼 읍내 장터로 가야 했다. 아니, 이웃집에 이발 기계를 가진 분이 계셨는데, 자기 아들들만 해줄 뿐이었다. 내가 가끔 찾아가서 "이발 좀 하러 왔어요" 하고 어색한 표정을 지으면, 두말 안 하고, 앉으라 하며 해주시곤 했던 고마운 어르신이었다. 몇 푼 주고 올 때가 많았지만, 간혹 그냥 일어서도 언짢은 기색은 거의 안 하셨다. 하지만 난 미안한 마음을 지울 수 없었다.

온갖 문화시설이 다 갖추어진 도시에 사니, 이발, 목욕 걱정이 없어 좋다. 어린 시절 목욕은 여름철 되어야 들 가운데에 있는 둠벙에 들어가면 목욕한 셈이 되었지만, 철 지나면 몇 번이나 목욕하며 살았을까? 지금은 아파트 집마다 화장실 겸 샤워장이 있어 물 걱정 없이 무시로 샤워를 해댄다. 물 낭비란 생각은 조금도 안 드는 세상이 되었으니 얼마나 좋은 세상에 살고 있는가!

요즘에는 이발소나 미용실에 가면 미용사(이발사)가 머리를 단정하고 곱게 잘라준다. 수염도 깨끗이 면도로 밀어준다. 아니, 최근에는 개인용 면도기가 상용화되어 수염 깎기 위해 이발소에 갈 필요도 없다.

객지에 떨어져 사는 둘째 아들이 좋은 개인용 면도기를 언젠가 선물로 사다 주었다. 매일 아침 거울 보고 그 면도기를 사용하여 한순간에 턱수염을 곱게 제거한다. 필립스 제품은 날카로운 칼날 면도기가 아니어서 피부 손상도 없다. 이 면도기를 사용할 때마다 든든한 아들의 모습이 떠오른다. 비록 부모와 떨어져 살고 있지만 가까이 있는 느낌을 그 면도기로 수염을 깎으면서 더 가지게 한다.

편리한 문명의 이기, 면도기가 있어 늘 고맙다. 아니, 자식이 준

선물이어서 더 그렇고, 아침마다 세수할 때 수염을 면도질하다 보면 여러 가지 상념에 가끔 빠지는지도 모르겠다. 이제 나이가 지긋해지니 자식들의 그늘이 크게 느껴지기도 한다. 아들 며느리들이 가까이 살며 손자, 손녀들과 들랑날랑하는 집이 부럽기도 했다. 그러나 나도 그렇지만 대부분 가정은 자식들이 멀리 떨어져 살고 있다. 추석이나 설 명절 때 얼른 왔다 가 버린다.「6시 내 고향」에 나오는 어떤 홀로 사는 할머니의 대화가 실감이 났다.

자식들이 부모에게 주는 큰 선물이 무어냐고 PD가 물으니 그 할머닌 가끔이나마 자식들한테서 걸어오는 전화라 했다. 전화로나마 자식들의 목소리를 들으면 아프던 삭신이 금방 낫는 기분이라 했다. 용돈을 많이 주고, 특별한 선물을 주지 않더라도 자주 부모에게 전화라도 걸어주는 자식이 더 좋다 한다. 부모가 되어 본 자는 다 같은 심정일 것이다.

자식들이 있지만 서로 떨어져, 마음속으로만 그리워하며 쓸쓸하게 살아야만 되는 현실이 현대인의 대부분 부모 처지가 아닐까? 그래서 현대인은 있어도 외롭고 없어서 더 고독한 존재라 했던가.

믿음의 확신

믿음은 긍정적인 자세이며 삶의 활력소가 된다. 될 수 있으면 긍정하고 받아들이는 경우가 더 좋은 때가 많다.

S교회 신년 '3인 3색' 부흥 성회가 열렸다. 오늘은 교수요 신앙인이신 백○○ 권사님이 말씀을 하셨다. 현재 G대 음대 교수이기도 한 이분은 본래 척추 장애가 있었다. 그런데 그는 신의 은사로 55세에 정상인이 되었다. 등이 펴지는 기적을 맛보았다.

강단에 서서 간증하는 그의 모습을 보면 언제 그가 그런 장애인이었을까 할 정도로 등이 꼿꼿했다. 그는 말을 하면서 그의 모습을 확인하라고 일부러 몸을 몇 바퀴 돌기도 했다. 어렸을 때 높은 데서 뛰어내리다 척추를 다친 그는 등이 굽게 되고 키도 크지 않았다. 그의 부모는 물론 그 자신 슬픔과 우울 속에 살지 않을 수 없었다. 그는 천만다행으로 뛰어난 음악성이 있었다. 그는 교회 찬양대원으로 열심히 봉사하였고 또 찬송가를 잘 부른다고 늘 칭찬을 들었다. 그러나 그가 하나님을 진심으로 믿고 교회에 나간 것은 아니었다.

근 40여 년 동안 교회에 나갔으나 진정으로 하나님을 만나지도 못했고, 하나님 사랑도 느끼지 못한, 항상 비판적이며 완고하며 형식적인 교인에 불과했던 그였다.

그러던 그가 다니던 교회 부흥성회 때, 어떤 목사님의 설교를 듣고 큰 변화를 받는 계기를 갖게 되었다. 즉 그 목사님의 말씀, "하나님의 말씀에 무조건 '아멘' 하는 사람이 되어야 합니다, '아멘' 해보세요, 왜 당신 안 하세요, 제발 따라 해보세요" 하셨을 때 그는 처음 따라 하지 않았다. 아니 못 했다.

그 부흥 목사님은 무조건 하나님의 말씀에 '아멘' 할 수 있어야 한다고 계속 말씀하셨다. 그런데 한 번 따라 해보자 '아멘'을 계속 따라 하게 되고, 그동안 꽉 막히었던 자기 마음의 문이 열리는 불같은 성령의 은사를 느끼기 시작했다고 했다. 자기도 모르게 눈물이 나고 무한한 기쁨을 느끼며 하나님에 대한 감사와 찬송을 하게 되었다.

그는 하나님의 존재하심과 큰 사랑을 마음속 깊이에서 느끼게 된 것이다. 그의 부정적이고 완고한 마음은 어디 가고 무조건 감사하고 감사한 것이다. 그때부터 그는 지금까지 변함없이 하나님의 그 넓고 크신 사랑에 감사하고, 기쁨에 넘치는 찬양 생활을 하고 있다 했다. 그는 지금 전국적으로 유명한 부흥 강사가 되었으며, 찬양 사역자가 되어 곳곳에 불려 다니고 있다.

또 그는 어느 날 자기 굽은 몸이 붕붕 떠오르고 뒤틀리며 순간 찢어질 듯한 아픔을 느끼면서 등골이 위아래로 늘어지는 이상한 기분 같은 것을 느끼게 되었다. 드디어 그의 40여 년 동안 굽은 허리가 감쪽같이 펴지는 순간이었다. 그는 오늘도 우렁차고 환희에 넘치는 목소리로 찬송을 했다. 예배당 가득한 성도도 그의 찬송 따라 함께 부르니 장내는 온통 성령의 불길에 휩싸인 듯했다. 그는 찬송가를 큰 소리로 부르면서 몇 번이고 보라는 듯 앞뒤 등을 춤추듯 내보였고, "어서 '아멘, 아멘' 해보세요. 어서요" "어서 빨리 여러분도 '아멘'을 따라 해보세요" 하며 무조건 '아멘' 하도록 했다. 자기의 완고한 고집을 내려놓고 '아멘' 하는 사람, 즉 하나님의 말씀에 순종하는 자가 돼보라 했다.

우리 인간은 하나님을 믿는다 하면서도 자기 나름대로 이해하고 판단하면서 믿는 자가 아닌지 모른다. 정말 믿음의 길이 어찌 쉽겠는가. 주님은 '네 십자가를 지고 나를 따르라' 했다. 베드로도 예수님의 열두 제자 가운데 한 사람이면서 예수님이 십자가에 못 박히기 전 세 번이나 예수님을 부인하였다. 나는 예수님을 모른다고. 우리도 베드로처럼 가끔 예수님을 부인하고 하나님을 인정하지 않은 때가 없었다고 아니 할 수 없다. 아니 너무 부족하고 어리석고 나약하여 하나님의 말씀대로 살지 못할 때가 너무 많은 것이 사실이다.

그는 어렸을 때 높은 데서 떨어져 척추 장애인이 되었다. 그는 자기의 그런 자기의 신체적 장애에 대한 열등의식을 떨쳐버릴 수가 없었지만 타고난 음악성이 있어 교회에서도 찬양대원으로 인정을 받게 되었으며, 또 서울대 음대에 진학하게 되고, 독일 유학까지 하게 되었다. 그리고 27세에 음대 교수가 되고, 교수 아내도 얻었다.

그러나 그는 신체장애 때문에 삶이 기쁘지 않았다. 하나님에 대한 고마움도 못 느끼며 살았다. 교회에 나가나 형식적이었으며, 목사님의 설교가 위로가 되지도 않고 기쁘지도 않았다. 오히려 목사님의 설교에 대해 곡해하고 비판하고 싶은 심정뿐이었다고. 그런데 어느

날 목사님이 한 번 '아멘' 해보라는 말에 순응하자 정말 그 말씀대로 '아멘' 하는 삶을 살게 되었고 한없는 하나님의 큰 축복과 은사가 쏟아지는 기쁨을 체험했다고 힘주어 간증했다. 그의 간간이 들려주는 열창의 찬양은 심금을 울려주고도 남았다. 어느 성도가 들려준 찬양 노래에서 느껴보지 못한 뜨거움이 있었다.

우린 흔히 누가 뭐라 말하면 토를 달기 쉽다. 얼른 믿지 못한다. 어찌 백○○ 교수요, 권사님만이 그러했겠는가.

믿음의 확신이 없으면 행동에 옮기기 어려운 것이 또한 우리들의 현실이 아닐까.

무엇에 대한 믿음이건 믿음의 확신이 있어야 추구하게 되며, 노력하게 된다. 아니, 억지로라도 믿어라. 이 말은 부정적인 태도보다는 긍정적인 자세가 더 발전을 가져온다는 말이기도 하다. 하지만 비판적인 경우가 너무 많다. 비판하다 보면 일을 하지 못한다. 아니 시작도 해보지 않는다. 해보지 않는데 어찌 성공이 있으랴.

어찌 믿음의 세계인 종교에서만이 그러겠는가. 성공한 사업가가 그렇고, 위대한 발명가인 과학자, 불후의 명작을 남긴 예술가도 마찬가지이리라.

*아멘: 기도나 찬미의 끝에 그 내용에 찬동한다는 뜻으로 쓰는 말.
　　　'그렇게 되어 지이다. 진실로'의 의미로 쓰임.

나의 삶의 공간

사실 알고 보면 '나의 삶의 틀'은 협소하기 그지없다. 하루 내 왔다 갔다 하거나, 머무는 곳을 보면 고작 거기서 거기다. 좀 구체적으로 말하면, 내가 늘 먹고 자는 집(아파트)과 직장, 교회, 그리고 광주 아니면 해남, 또는 일요일 날은 교회 한 번 다녀오고, 이렇게 보면 나의 삶의 공간은 거의 말해졌다.

한 생의 공간도 거기에서 크게 벗어나지 않는다. 어떻게 생각하면 지루하고 답답할 공간이지만, 그렇지 않은 걸 보면 신기하다. 오히려 벗어나 있을 때가 더 불안하고 초조하다. 그래서 가정의 공간, 직장의 공간, 교회의 공간은 얼마나 소중한지 모른다.

집은 누가 소우주라 했던가. 가족이야말로 소세계다. 결코 작지만 작은 세계는 아니다. 거기에는 오묘한 진리와 섭리가 작용하고 있다. 한 집안의 안정은 소우주의 안정이요, 평안이다. 나를 낳아준 부모가 있고, 같은 핏줄인 형제가 있고, 나의 피가 되고 살이 되는 밥상이 차려지고, 내 하루의 고달픔이 푹 쉬어지는 곳, 만일 이곳이 없다면,

나는 집 없는 빈털터리, 나는 어느 하늘 아래서 하소연하며 슬피 우는 한 마리 길 잃은 새가 되어야 할지 모른다.

집이 있어도 쓸쓸한 집을 생각해 보라. 부모가 일찍이 돌아가시고, 혼자 도맡아서 집안일을 꾸려나가야 할 자라고 여겨 보라. 혼자 지고 가기도 힘든 짐을 지고 가는 짐꾼의 심정과 같을 것이다. 아니, 부모도 형제도 다 죽어 없는 혈혈단신이라고 생각해 보아라. 이 세상이 얼마나 외롭겠는가.

다 쓰러져가는 초가삼간이어도 내 집이 좋다는 말이 있지 않느냐. 그렇다. 조그마한 내 집이라 있으면 좋다. 그 속에 아버님도 어머님도, 그리고 형제도 자매도, 형도 아우도 함께 살아간다면 얼마나 좋으랴. 아니 곰방대 물고 잔소리하시는 할아버지, 가만히 안 계시는 허리 꼬부라진 할머니가 계신 집이면 더욱 좋다. 조카 아이가 운다고 지금 누가 신경질 내겠는가.

지금 집 안에는 형도 없고 누이도 없다. 모두 오직 혼자다. 외아들인 자신만이 있다. 외동딸인 자기만이 있다. 아버지 어머니는 돈 벌러 일찍이 밖으로 나가버리셨다. 모두가 외로운 군상이다.

직장은 얼마나 중요한가? 가정보다 더 오래 머물고, 가족보다 더 많이 얼굴 마주 대고 사는 사람들, 얼마나 귀하고 소중한가. 나의 생계 수단이 해결되고, 귀한 일들이 수행되고 있지 않은가?

그러나, 같은 직장인이라고 서로 간에 얼마나 필요한 존재라고 여기는가. 상하 간에 인상 찌푸리고, 동료 간에 헐뜯고, 일은 남에게 맡기는 일은 없는가?

나 자신도 가끔 나의 직장에 불만을 했고, 동료와 다투곤 했다. 좋은 직업을 찾으려 노력도 했고, 또 여유 없는 근무 조건에 짜증도 많이 냈다. 이 직장이 아니면 못 살까, 할 정도로 언짢아 한 적도 있다.

가끔 긴장과 갈등도 있지만, 재미와 설렘이 반복되는 곳, 어찌 봉급이 작다 할 수 있는가. 직장이 없는 사람은 지금 생계를 걱정해야 할 것이다.

교회는 상당히 성장한 후에 접한 믿음의 공간이지만, 지금 생각하면, 가치 있는 삶의 장이라 여겨지는 곳이다. 때론 회의와 불신감도 생기지만 믿음이 성숙 될수록 더 성스럽고 고귀한 세계로 머리 숙어지는 곳이 아닌가.

집(가정), 직장, 교회의 공간이야말로 소우주다. 결코 좁은 공간이 아니다. 그래서 나는 이 틀에서 크게 벗어나지 않고 지내지만 만족하며 사는 것이다. 벗어났을 때 오히려 더 불안하고 불행해지는 곳이라 여긴다.

평소 공기의 고마움을 모르고 지내던 사람이 갑자기 공기에 고마움을 표시하는 것 같은 싱거운 행동처럼 보일는지 모르나, 내 삶의 공간 즉 삶의 틀에 가끔 고마움을 표시하고픈 때가 있다. 나이가 먹은 탓이리라. 하지만 집이 없고, 가족이 없고, 직장이 없고, 또 주일이어도 교회에 갈 수 없는 경우를 생각하면 정말 끔찍하지 않은가!

자기 분수에 만족할 줄 아는 사람이 행복한 사람이라고 하는 말이 참 마음에 와닿는다.

자랑스러운 한국인

 지난번의 런던 세계올림픽은 자랑스러운 한국인의 모습을 만방에 알리는 좋은 계기가 되었다. 체력은 국력이라는 말이 틀림없었다. 나는 세계인의 축제라고 할 수 있는 이 세계올림픽 경기를 TV로나마 보면서 더위를 이길 수 있었다. 아마 우리나라 사람도 아니 세계인들이 그랬으리라.
 대회가 열리는 기간 날씨도 입추가 지난 뒤부터라 그런지 그 무덥던 여름의 열기가 밤으로 약화되는 듯한 느낌을 가지게 했다. 섭씨 35, 6도의 온도가 32, 3도로 내려갔다. 근 20여 일 이상 동안 가뭄과 혹서가 지속되었던 여름, 에어컨도 예년보다 더 자주 켰다. 작년 같은 경우는 2, 3일에 그쳤었다.
 대지의 그 뜨거운 열기만큼 세계는 또 뜨거운 열을 내뿜는 체육축제를 펼치고 있다 할 수 있었다. 바로 런던에서 벌어진 제30회 세계올림픽. 그 전개되는 경기마다 선수들의 혈투를 볼 때 가슴이 조이기도 하고 통쾌하기도 했다.

우리나라가 계속 3, 4위의 전적을 쌓고 있었다. 세계 200여 이상의 국가 가운데 종합성적 10위 안에 든다는 것은 우리나라의 위상이 그만큼 높아졌다는 것을 의미한다.

금메달을 따는 선수들의 모습, 세계 1위 내지 2위, 3위를 한다는 것은 영웅이 아니라 할 수 없다. 또 비록 등위 권에서 벗어났지만, 최선을 다하는 선수들의 모습은 위대한 인간 승리의 모습이 아닐까 했다. 레슬링 경기에서 우승한 김한우의 모습, 그 부은 눈은 보기가 짠했지만 너무 장했다. 더욱 예전엔 생각지도 못했던 종목에서마저 우승을 거두는 장한 모습들 즉 수영, 펜싱, 기계체조, 리듬체조 등, 양궁은 7회 연속 우승을 했다.

또 올림픽 경기 중 오심은 분통을 터지게 했다. 박태환의 금메달 박탈, 여자 펜싱 신아람의 1초 초과 계산으로 은메달 등.

이번엔 30대 노장들의 투혼이 빛났다. 12명의 금메달이 그랬다. 송대남은 33세, 오진혁은 31세, 원우영은 30세였다.

"아내와 아이들에게 금메달을 바칩니다.(유도 금메달 송대남), 끝났다고 생각했습니다. 하지만 일어섰습니다.(양궁 남자 개인 금메달, 단체 동메달 오진혁), 예전 같으면 황혼기였겠죠. 하지만 전 이제 전성기입니다."(펜싱 사브로 남자 단체 금메달 원우영) 등.

그리고 리듬체조에서 '요정'이라고 불릴 정도로 칭송을 받은 손연재(18세, 세종고)는 우리나라 체육 역사상 처음으로 결승 진출 5위권에 들어섰다. 그의 여유 있는 미소, 유연하고 묘기 같은 몸동작은 정말 세계 사람들도 놀라워했으니, 한국 사람은 못 하는 것이 없다 할 수 있었다.

나는 시종 TV를 보면서 '장하다. 한국의 아들딸들이여!' 할 수밖에 없었다.

노후(老後)의 삶

동창들은 어김없이 오전 8시 10분경 문예회관 후문을 출발했다. 35명이 탄 관광버스는 호남고속도로를 질주하며 강원도 속초로 향했다. 설악산에 있는 S콘도에서 일박하며 강릉이나 설악산 일대를 관광할 계획이다.

일행은 모두 교대 동문이며 퇴직자로, 퇴직 후 일 년에 한 차례씩 야외 나들이를 다니곤 한다. 요즘 국내 여행쯤이야 일반화되어 누구나 며칠 정도 집을 비우는 것은 다반사가 되어 별 자랑은 아니지만, 나이가 들어서 동창끼리 늘 만나고 함께 관광도 다닌다면 더욱 각별한 사이가 되고 든든한 친구로 지낼 수 있어 뜻깊다 하지 않을 수 없다.

사실 학교 동창이라지만 학교 다닐 때 얼마나 가깝게 지냈겠는가? 가까이 지낸 친구도 있었겠지만, 대부분은 얼굴만 알 정도가 많다. 그래도 장구한 세월이 지났지만 동창이요, 동문이라는 이유 때문에 만나면 얼마나 더 친근하고 이물없는 관계인가!

차내는 반주기에서 나오는 노랫소리와 오랜만에 만나 주고받는 이야기 소리로 시끌벅적했다. 입담 좋은 친구는 역시 호기회인 듯 마이크를 잡고 시종 놓지를 않는다. 인사말이며 농담이 이내 관중을 사로잡는다. 한 생을 교단에 서서 말 장사를 해온 사람들이 아닌가!

모두들 퇴직하고 제2의 인생을 열심히 사는 사람들이다. 가난하여 어려운 시절 교육대나마 나와 교직 생활을 성실히 마치고 이제 완전한 연금족이 되어 노후를 비교적 편히 보내는 복된 자들이 아닐 수 없다. 4년제 대학을 못 가 아쉬워하는 자들도 많았다. 그리하여 졸업 후 다시 4년제 대학을 다녀 대학교수를 하는 자 또는 중등으로, 사회 각처에서 사업을 하거나 교직 외의 분야에서 두각을 나타내며 활동하는 자도 꽤 되었다. 그러나 대부분 초등교직에서 변함없이 아이들을 가르치며 교직을 천직으로 알고 교사로서, 장학사, 학교장 등 교육행정가로 성실하게 임하다 영예롭게 정년을 하였던 자들이 대부분이다.

자녀들도 잘 둔 자들이 많으니 사시 합격하여 판검사로 있기도 하고 의사, 약사, 공무원 등등 이야기를 들으니 복 받은 자들이 너무 많았다. 자기가 못 이룬 꿈 자녀에게서만은 꼭 이루어야 된다는 심정으로 허리끈 졸라매며 못 입고 못 먹으며 자녀교육에 최선을 다했던 한국의 열성 부모세대가 아니었던가? 이제 나이 육순 중반을 넘으면서 모임을 갖고 함께 여행도 하며 정담도 나누고 인생의 후반을 여유롭게 보내고 있으니 그래도 다행한 세대이다.

상당수 동창이 이미 이승을 뜨기도 했다. 오늘 여기에 있는 자는 행운아다. 오직 노후를 사는 동안 처자식들 걱정 안 끼치고, 본인 또한 건강하게 살다가는 것이 얼마나 중요한가. 어느 시인이 읊었듯이

이 세상 소풍 다 끝나고 천상에 가는 날, 이 세상 너무 아름다웠다고 말할 수 있기만을 원하는 자들이 아닐까. 게으름에 빠지지 말고 자기 관리 잘하여 구구팔팔 이삼사는 못할망정 주위 사람에게 누가 되어서는 안 된다고 누누이 강조하는 어느 한 친구의 입담은 오늘따라 가슴 깊이 아려왔다.

건강하게 노후를 보내며 살 수 있다는 일보다 복된 일이 어디 또 있을까? 그러나 그보다 더 중요한 일은 노후를 더욱 어른스럽게, 노인답게 사는 것이 더 중요하다며 말하는 한 친구의 노인 십계 중 몇 가지가 귓가를 맴돈다.

"나이 들면 언제나 나서지 말고, 이겨서는 안 되네, 져야 하네. 돈에 대한 욕심을 버려야 하네. 그렇지만 그것은 하는 말이고 정말로 돈이랑 떠나지 않게 죽기까지 꼭꼭 지니시구려. 남들이 인색하다 흉보더라도 돈 있어야 남들이 대접을 하고 모두가 관심을 가져주는 법. 우리끼리 얘기지만 정말이네."

"옛날 일이랑 모두 잊으시구려, 자랑 이야기랑 하지 말구려, 우리들의 시대는 이미 지났어. 제아무리 버티고 힘써 보아도 이제 몸이 뜻대로 말을 안 듣네. '너희들은 훌륭해 나는 틀렸어.' 그런 마음으로 살아가구려. 내 아들 내 손자 그리고 어느 누구에게나 따름을 받는 멋있는 늙은이가 되어 보구려. 멍해지면 안 되네, 머리를 맑게 하고 보람을 찾아 뭔가 한 가지 찾아서 정정하게 오래오래 사시구려!"

마치 어느 '노인학' 교수가 들려준 강의 같았다. 이번 강릉 설악관광도 즐거웠다. 아름다운 자연만이 영원한 우리 고향 같았다.

3D 회장

　회장의 자리는 높고 명예로운 자리이기도 하여 아무나 할 수 있는 것은 아니다. 더욱 큰 단체의 회장은 서로 하려고 하기도 한다. 그런 자리는 회장이 되면 사회적 압력 단체의 위력도 발휘한다. 하지만 소규모 친목 단체나 자치 모임 회장은 힘만 많이 들고 별 유익도 없어 서로 기피한다. 소위 힘들고 더럽고 위험한 3D 업종 회장이라 하는데 흔히 말하기를 동창회장, 종친회장, 친목회장 등이 이에 속한다.
　그래서 이런 회장 자리는 감투라기보다는 남을 위한 봉사 자리요 헌신하는 자리이다. 그러나 그런 회장 자리도 아무나 하는 것은 아니다. 남을 위해 자기를 희생하고 봉사함은 물론 신의가 있고 지도력이 있지 않은 사람은 하지 못한다.
　우리 '일삼산우회'는 15년여 전 창립된 이후 20여 명까지 되던 산행 회원이 세월이 가면서 10여 명 안팎으로 줄었다. 퇴직자 모임으로 한땐 몇 차로 같이 타고 먼 산 등산도 자주 하였는데 이젠 무등산 좀 높은 곳 바람재, 토끼 등은 물론 중턱 길 다니기도 힘들어하는 친구들이 많아졌다. 팔순을 맞이한 큰 형뻘 되는 친구가 있으니 세월 많이 간 것 아닌가?

오늘 나도 약속 시간에 만나서 함께 가지 못하고 집에서 늦게 출발하여 증심사 입구 주차장에서 증심사 절 입구까지만 걷다 12시 점심시간에 합류했다. 예전에 산행할 때면 남들보다 뒤처지기 싫어하여 앞장서 가기를 좋아하고, 지리산, 한라산 정상은 물론 무등산 서석대까지도 매년 한 번쯤은 다녀와야 속이 시원했던 나도 이젠 칠십대 중반을 넘으면서 비실비실하여 겨우 중턱이나 걸으려 하니, 세월 앞에 장사 없다는 말이 맞는 것 같아 서글프다.

오늘 점심시간은 본 산우회 총장 자리(총무 겸 회장)를 교체하는 자리이기도 했다. 2년여 이상 맡았던 곡창이 설산에게 회계장부를 넘겼다. 대부분 다른 회원은 이미 이 역을 맡은 자들이고, 몇 사람만 이 일을 하지 않은 자이다. 언젠간 자기 차례가 올 것이다. 다들 직장생활을 하고 간부 이상의 장까지 책임을 맡은 자들이다.

어떤 모임이나 단체이건 회가 운영되기 위해선 회장이 있어야 하고, 또 회비를 걷고 행사 등 실무를 추진하는 회계나 총무가 필요하다. 이 자리는 그야말로 봉사직이고 부담스러운 자리이다. 그래서 회원들이 서로 기피하기도 하여 3D 업 중 하나이다. 그러나 늙은 나이에 장까지 한 자도 서슴없이 총장 자리를 맡아 주어야 이 조그마한 소모임이 원활하게 운영될 수 있지 않겠는가. 회장이나 총무라 부르지 않고 총장이라 호칭하는 것은 총무 겸 회장 역을 대행하기 때문이다. 또한 일 맡은 사람의 기분도 고양해 주는 말이 아닌가.

우리 산우회도 초창기엔 헌신적으로 오랫동안 회장, 총무를 맡아

온 자도 있다. 그러나 비교적 최근에 와선 다들 노신사가 된 처지라 회비를 걷고 식비를 계산해야 하는 회장이나 총무 일을 하기를 싫어한다. 그러나 회가 돌아가기 위해선 누군가 이 역을 해야 하기에 책임이 돌아간다. 사양하면서도 맡곤 한다. 이번엔 성격이 호락호락한 전직 기업 회장도 강력히 사양하다 수락했다. 경위가 밝은 그가 끝까지 거부하겠는가.

오늘 회식 자리에선 직전 총장과 회원 간에 입씨름이 있어 좀 민망했다. 장소를 바꾸어서 먹은 커피 값을 회비로 지출해서는 안 된다는 이 회원의 주장과 그럴 수도 있지 않으냐는 견해차 때문이다. 사적 모임이건 공적 모임이건 기본 규정은 지켜져야 하는 것 같다.

하지만 공정은 때로는 어떤 것이 진짜 공정인지 분간하기 어려울 때가 많다. 내가 하면 로맨스 남이 하면 불륜이라고 서로 헐뜯는 세상 사람들의 모습도 보곤 한다. 서로 내 말은 진짜고 네 말은 가짜라고 우기는 세상 아닌가. 그래도 세상은 더 정직하고 헌신적인 사람이 많이 있어 돌아가고 지탱되는 것이다.

우리 '일삼산우회'는 매주 목요일 만나 산에 오른다. 고 동창으로 처음엔 20여 명까지 모였으나, 어느새 이탈하고, 힘에 부쳐 탈락한 자가 많다. 초창기 회원도 한둘에 불과하고 중간에 합류한 친구들이다. 학교 졸업 후 뿔뿔이 헤어져 살다가 다시 만나 산행을 하며 세상을 담론하고 토닥토닥하면서도 우의를 다지며 여생을 함께 하는 즐거움 또한 크다. 또 매주 산을 타니, 건강한 친구들이 많다.

인생은 연극이다

인생(人生)은 한 편의 드라마다. 하루하루 살아온 일이 생생한 연극이 아니고 무엇인가? 어떤 사건으로 서로 싸우기도 하고 갈등하며 살아간다. 그러다 서로 화해하기도 하지만, 끝내 파국으로 내몰리는 수도 있다.

한평생 평탄하게 산 사람은 한 사람도 없다. 위기를 겪으면서도 극복하면서 살아가는 사람의 삶은 감동을 주고 희망의 메시지가 된다. 남을 해롭게 하는 사람의 행위는 역겹다. 착하고 성실하게 사는 사람의 이야기는 우리의 마음이 흐뭇하고 귀감이 된다.

이른 아침에 방영되는 KBS 「인간극장」은 소박한 소시민의 삶은 잘 보여주고 있다. 우리 일상의 사람이 바로 주인공이다. 소설은 있을 수 있는 가상의 사람 이야기로 작가에 의해 꾸며진 것이 많지만 우리의 삶은 실제로 겪은 일이다.

어느 날 아침에 방영된 인간극장 내용, 인근 군 담양 고을에 사시는 92세 한 노파의 삶의 이야기였다. 오늘날 고령화 시대 노인들이 어떻게 살아야 할 것인가에 대해 방향을 제시해 주는 것 같았다.

92세의 노모는 나이에 비해 건강하시었다. 시골에 혼자 사시면서 농사를 짓고, 틈틈이 그림 등에 취미를 가지시고 사신다. 더욱 좋은 것은 객지에 살고 있던 70대의 큰아들이 내려와 '엄마, 엄마!' 하며 마치 어린아이처럼 어머니에게 장난도 하고, 심부름도 하는 모습이었다.

할머니는 평생, 부지런히 사시었고, 허튼일은 하지 않으셨다. 인생은 모든 것을 이기고 살아가는 것이라 여기고 슬픈 일, 어려운 일을 꿋꿋하게 극복하시면서 사셨다고 했다.

큰아들은 객지에 살고 있다가 어머니가 혼자 되시고 힘겨워하시자, 혼자 시골로 내려와 계속 노 어머님과 함께 지내고 있다. 노 어머님은 큰아들이 곁에 있어 힘이 나신 듯, 그림이나 글씨에 더욱 매진하며 즐겁게 사신다.

물론 타고 난 건강, 효심이 많은 자녀를 둔 다복한 분이라 여겨져 부럽기도 했지만, 자녀가 있어도 직장 또는 여러 형편에 의해 노부모들은 늘그막을 외롭게 보내다 이승을 떠나야 한다는 현실이다.

어느새 지긋한 나이에 이른 지금, 난 어떤 주인공의 모습인가? 날이 갈수록 힘겹고, 망가져 가는 느낌이다. 재물을 잃으면 일부를 잃고, 명예를 잃으면 많은 부분을 잃으며, 건강을 잃으면 다 잃는다는 말이 실감 난다.

삶의 집

집안 일부를 재정리하느라 몇 시간 씨름했다. 아파트 생활 근 30년, 편리한 점 많지만 답답한 면도 많다.

끊임없이 쌓이는 물건들, 플라스틱 빈 물병, 주스 병도 안 버리고 있다. 혹시 곡식 담는 데 필요할까 해서다. 남들이 버린 헌 책상, 책장도 집안에 갖다 놓고, 작가들이 계속적으로 보내오는 작품집들을 꽂기도 한다.

교사 생활을 하면서 제일 먼저 사들인 게 월부 구입 소설집이었다. 몇 년간 계속되었는지 모른다. 그리하여 내 방 하나는 작은 도서관이 되었다. 중·고 국어 교사로 재직하면서, 문학인으로 추천을 받고 문학에 심취하면서 내 손수 쓴 작품집도 내 작은 서재에 끼워 넣었다.

중학교 시절, 소설책 하나 구하기 힘든 시절, 어느 선배 집에 갔었는데, 시골 작은 공부방 한 구석지에 쌓여 있는 책들이 그렇게 부러울 수가 없었다.

이제 내 좁은 아파트는 각종 살림 도구, 책 등으로 초만원이다. 칠십 평생 사들이고 모으고 한 살림살이다. 또 나뿐만 아니라 집 식구들도 각자 취미가 다양하여 들여 모아 놓은 것이 많다. 수석, 그릇, 조각, 분재 등이 집안 여기저기에 놓여있다. 젊은 시절 아내 역시 각종 액세서리 등을 모으기를 좋아하니 갈수록 집안에 물건은 더 늘어나고만 있었다.

게다가 나는 그림, 서예까지 동경하다 보니, 그래도 내가 심혈을 쏟아 남긴 작품인데 하고 또한 쉬 버리지 못하고 있다. 요새는 TV 보고 뉴스를 알면 되는데도 난 끈덕지게 신문을 구독하고 있어, 집 한구석에는 언제나 산더미처럼 신문 더미가 쌓여 있을 때가 많다. 물론 신문은 곧 버려지긴 한다.

또 필수 특히 사철 입어야 하는 의복, 이불 등. 사람이 살아가는 데 필요한 각종 세간들은 셀 수가 없다.

아내는 이제 이 물건들이 짐이 되고 진절머리가 난 것 같다. 답답증이 생기고 짜증이 나는 모양이다. 아니, 나 역시 이 분별없는 물건들을 대하고 있으면 갑갑할 때가 많다. 그런데도 쉬 버리지 못하고 있다는 사실이 문제이기도 하다.

아내는 과감히 물건을 버리자 한다. 아내는 죽기 전에 자기 물건부터 전부 버리겠다 한다. 자식들에게 쓸데없는 짐만 남긴다는 것이다. 심지어는 내 소중한 서재에 계속 쌓이는 책도 못마땅해한다. 금년도 계속하여 작가들이 친히 자기들의 작품집을 보내오고 있다. 정성 들여 쓴 글들이 아닌가. 그리고 일생일대에 큰마음 먹고 펴낸 책들을 나에게 보내왔는데 어찌 감히 함부로 할 수 있는가.

어느 스님의 '무소유'의 의미를 모르는 필부필부의 어리석은 행위 같지만, 살림을 하며 살다 보니 하찮은 것도 버리기가 쉽지 않다. 내 소원이 하나 있다면 별도의 집을 하나 더 사, 내가 가지고 있는 책이나 작품 등 물건들을 박물관처럼 꾸미고 싶은데 어떨지 모르겠다. 정말 삶의 짐은 많고 무거운 것, 하지만 쉬 떨치지 못하며 사는 게 인간이 아닐까. 하나 이제 인생 마지막 모든 걸 서서히 정리할 준비를 해야 할 때가 된 것은 틀림없다.

식목일 유감(有感)

　오늘은 식목일(植木日)이요, 한식(寒食)날이다. 이날이 오면 산에 나무 심는 일이 연례행사였고, 또 조상 선산 일도 하기 좋은 날이어서 묘소를 옮기거나 가꾸는 일을 하면서 묘 주변에 여러 나무를 많이 심곤 했다. 그래서 그런지 6, 70년대까지만 해도 전 국토가 민둥산이었던 우리나라는 지금 전 국토가 숲으로 우거져 함부로 들어갈 수 없을 정도로 울창하다.
　사실상 삼림의 울창은 연료의 혁명 덕이 아닐까 한다. 6, 70년대까지만 해도 우리의 땔감은 산에서 베어온 푸나무였다. 학교 갔다오거나 쉬는 날이면 산에 가서 푸나무를 한 망 가득 베어 와야 했고, 가을철이면 다가올 겨울철을 위해 집안 한쪽에 땔감을 무더기로 쌓아 놓아야 했다. 하룻날 무슨 일이라도 해야 하루 밥값을 한다고 해 소꼴이라도 한 망 해오던 어린 시절이 아니었던가.
　나라도 식목일 기념으로 산에 식수를 해마다 했고, 고을마다 산감이 있어서 소나무는 한 그루도 함부로 못 베게 했다. 베다 들킬 경우, 많은 벌금을 물어야 했다. 그러나 산에 가면 풀만 베어오는 것이 아니라, 죽은 솔가지도 베어오고 떨어진 솔잎은 빡빡 긁어 망 가득히 담아 끙끙거리며 집까지 메고 왔다. 그래야 소여물도 삶고 삼시 세끼 밥도 했으며, 구들에 불을 지펴 방 안이 따뜻해 겨울철을 지낼 수 있었다.

그러나 연료로 석탄, 석유가 보급되면서 산에 가서 나무나 풀을 벨 필요가 없었고, 가스, 전기 등이 새로 보급되면서 밥하기, 방안 온돌 보온도 쉽게 할 수 있었다. 과연 연료의 대혁명이요 전환이 아닐 수 없었다.

이제 우리나라 산은 빡빡한 수목으로 가득 차 들어갈 수 없을 정도다. 또 전기는 화력, 수력 발전소도 있어 생산되고 있지만, 첨단과학이 요하는 원자력 발전소에서 대량 생산되어 오늘날에는 걱정 없이 연료 에너지로 편리하게 이용하고 있다.

최근에는 원자력 발전소의 위험이 커지자, 폐지를 주장하는 자가 나오고 있고 그 대체 에너지 생산으로 태양광 발전소를 국토 곳곳에 설치하고 있다. 하지만 이 또한 주민들에게 소음 등으로 안면방해가 되고, 너무 경관, 생태계 파계 등 자연을 훼손하는 경향도 심해 주민들이 반대하는 목소리도 크다.

물론 이 세상에는 완벽하게 좋은 것만은 하나도 없다. 양지가 있으면 음지가 있듯이 좋은 점이 있으면 나쁜 점도 함께 가지고 있는 경우가 대부분이다. 문명의 양면성을 잘 조절해 나가며 사는 것이 인간의 지혜가 아닐까 한다.

2

산행을 하며

채만식 문학관

　문학기행은 문학인의 사기와 심기를 일신시키는 날이다. 특히 선배 문인들의 발자취를 더듬어 보는 것은 단순한 여행의 즐거움 이상이다. 문학인의 생생한 삶의 모습과 숨결 어린 문학을 들여다보는 기쁨은 문학이 얼마나 인간에 있어 중요한가 하는 것을 가늠하게 해준다. 문학인의 문학에 대한 집념과 애착은 바로 문학 그 자체이다. 그의 삶이요, 삶의 의미였다.
　오늘은 2018년 광주수필문학회 전반기 출판기념회와 겸하여 문학기행을 가는 날이다. 목적지는 전라북도 군산에 있는 「탁류」의 저자로 잘 알려진 채만식의 문학관을 들르고, 다음은 최근 연륙이 되어 관광 명소가 된 '고군산 열도'에 있는 선유도를 답사하기로 했다
　황 회장, 김 사무총장의 노력으로 40여 명이 대형 관광버스를 타고 갔다. 차는 시내를 빠져나가 곧바로 호남고속도로를 타고, 북상하여 고창·부안 쪽 길로 접어들자 몇 개 터널을 지나더니 어느새 전북 땅에 이르렀다.

푸른 산야에는 초목이 짙푸르고, 밭작물, 논에 심어진 벼도 꽤 검푸르게 잘 자라고 있었다. 잘 정돈된 경작지와 들녘 곳곳의 크고 작은 마을은 평화스러운 정경으로 눈에 들어왔다. 아파트 숲에 갇혀 사는 도시인의 무딘 계절 감각의 눈을 뜨이게 하는 순간이었다.

시원하게 뚫린 서해안 고속도로를 달리니 차는 벌써 새만금 방조제 길로 접어들었다. 먼저 군산시 내에 있는 '채만식 문학관'을 들른다. 일제 강점기 속에 그는 문학을 위해 그의 혼을 불태웠다. 그는 왜 문학을 위해 그 힘난한 역경을 감수하며 글을 써야만 했을까? 답은 그의 살아온 흔적과 작품 속에 있을 것이다.

'채만식 문학관'은 장·단편, 기타 동화나 수필 등 다양한 장르까지 생전에 1천여 편의 작품을 남긴 작가의 업적을 기리기 위해 세워졌다.

채만식의 유년은 부유하여 일찍이 신교육을 받았고, 서울에 올라가 고등교육(중앙고보)을 이수했으며, 일본에 유학(아세다대학)까지 했다.

그러나 일본 관동 대지진과 갑작스러운 가난으로 2학년 1학기를 마치고 학업을 중단하고 귀국했다. 그 해 1923년 처녀작 「과도기」를 세상에 내놓았으나 검열에서 출판금지 처분을 받았다.

인천시 강화의 한 사립학교 교원으로 지내면서, 단편 「새길로」가 이광수 추천으로 조선 문단 3호(1924, 12월호)에 게재됨으로써 문단에 데뷔했다. 나중에 동아일보사 정치부 기자로 있으면서 단편 「불효자식」이 조선 문단(2권) 10호에 추천되었다.

그 후에 조선일보에 「탁류」를 연재하였고 장편 「태평천하」 중편집 「배비장」, 「허생전」, 「잘난 사람들」, 희곡집 「당랑의 전설」 등 많은 작품을 남겼다.

그의 작품은 해학과 풍자가 넘친다. "소설은 계급적 관념의 현실 인식 감각과 전래의 구전문학 형식을 오늘에 되살리는 특유의 진술 형식을 창조하였다."라고 평자는 말하였다.

"채만식은 1930년대와 1940년대에 걸쳐 다시 말해 한국전쟁 직전에 타계하기까지 '작품으로 말하기'라는 작가 윤리를 자신의 생애 윤리로서 실천하였다. 그러나 비운의 시대에 살았던 탓인지, 많은 소설적 결실과 함께 친일 부역 작가라는 오명을 씻을 수 없게 되었다.

작가 자신이 「민족의 죄인」이라는 글을 통해 솔직히 뉘우친 점은 작가적 양심의 발로라고 볼 수 있다.

난 채만식 문학관 탐방과 그의 문학세계에 대한 평자들의 글을 귀담아 보면서, 글을 쓴다는 것이 얼마나 어려우며 책임감이 큰가를 느끼지 않을 수 없었고, 더욱 훌륭한 문학인이 된다는 것은 생명보다 더 중한 고민과 고통을 겪어야 한다는 것을 알 수 있었다.

어느덧 시장기가 든다. 점심은 고군산 열도에 들어가서 먹기로 했다. 식당 안으로 들어가니 밖으로 보이는 바다 풍경이 푸르러 아름답게 눈에 들어왔다. 선유도는 최근 육지와 연륙이 되어 쉽게 차로 들어갈 수 있다. 주말이면 전국에서 수많은 관광객이 몰려들어 온다고 한다.

시인의 고향을 찾아서

　오늘은 문학기행의 날이다. 이 고장에서 활발하게 문학 활동을 하고 있는 문학춘추 문학회 동인들이 소위 순수시파라 부르는 김영랑 시인의 고향 강진을 가기로 했다. 나는 최근 이 문학지에 '시'로 추천을 받고 참여할 수 있는 영광을 안았다.

　그동안 수필만 근 30여 년 써 오다가 시를 써 보게 되는 동기는 특별한 이유는 없다. 다만 시나 수필은 초록은 동색이라 여기고 섭렵해 왔기 때문에 시도 멀리할 수 없었다. 그래서 좀 더 재미가 있다 여기면 긴 수필을 쓰고 흥을 잠재우지 못하면 짧은 시를 쓰기도 했다.

　그러나 수필은 시와 소설 등 모든 문학을 아우르는 느낌이 들어 수필을 더 좋아했는지도 모른다.

　문학인들이 선배 문학인들이 살고 있거나 살았던 고향을 찾는 이유는 다름 아니다. 그곳에 가면 마치 바로 그분들을 만날 수 있을 것 같은 느낌을 가지고 있기 때문이다. 유명 문학인들을 보면 어쩐지 더 멋있고 아름다운 운치를 느낀다. 더욱 이름깨나 남기고 간 분들을 생각하면 더 그렇다.

영랑은 이 고장이 낳은 대시인이다. 특히 시의 순수성을 잘 살리시고 우리말의 말맛과 아름다움을 잘 나타내셨다. 고향의 향수가 넘치고 망향에의 정을 늘 간직하게 한다. 특히 고향을 떠나 타관에서 대부분 사는 현대인들에게는 고향은 항상 마음속에 그리움으로만 맴돌기 마련이다.

세미나를 겸한 오늘 문학기행은 참으로 뜻깊었다. 세미나 장소는 1930년대 순수시 운동의 기치를 들고 시를 쓰셨던 김영랑의 생가였다. 지금은 기념관까지 있어 강진이 과연 대한민국의 '시문학'의 메카임을 증명해 주고 있었다.

광주를 출발한 지 1시간 조금 넘어 도착한 청록파 시인들의 기념관, 김선기 학예연구실장이 일행을 반가이 맞이하며 기념관 건립 취지와 내용에 대해 자상하게 설명해 주어 고마웠다. 그 설명이 바로 한국 근대 순수시의 첫 장을 연 김영랑 이하 8명 즉 수주 변영로, 연포 이하윤, 위당 정인보, 용아 박용철, 정지용(납북), 현구 김현구, 석정 신석정, 허보 등의 시인에 대한 활동 상황과 시 등에 대한 것이었다.

'시문학파'란 1930년에 창간된 시 전문지 『시문학』을 중심으로 순수시 운동을 주도했던 시인들을 말한다. 시문학 창간은 당시 풍미했던 카프 문학이나 감각적 모더니즘 경향에 휩쓸리지 않고 이 땅에 순수문학의 뿌리를 내리게 한 모태가 되었다.

'시문학파기념관'은 특정 작가에 한정하지 않고 한 시대의 문예사조를 조망하는 문학 공간으로서 한국문학사상 최초로 기록된 문학유

파 기념관이다. 전시실에는 9명의 시문학파 시인들의 육필원고와 유물, 저서 등이 전시되어 있다. 또한 이 기념관에는 1920년대에서 1950년대에 간행된 문예지의 창간호 30여 종, 1920년대에서 1960년대에 출간된 희귀도서 500여 권 등 총 5,000여 권의 문학 관련 서적이 소장되어 있다.

손춘섭 님의 '한글 맞춤법의 이해'에 대한 특강도 의미 깊었다. 글을 쓰는 사람은 누구보다 더 우리 국어의 맞춤법에 대한 바른 이해가 필요하다. 우리말은 소리 나는 대로 쉽게 표기할 수 있는 말이지만 그 표기에는 일정한 법칙이 있다는 것을 흔히 간과하는 잘못을 범한다.

문학은 특히 시는 언어 연금술의 결과라 할 수 있다. 자국 말에 대한 이해와 조탁 없인, 아름다운 어감을 살릴 수 없다. 김영랑의 '시'는 언어의 미의 극치를 잘 보여주고 있다. 영랑은 48세로 타계하여 겨우 80여 수의 시밖에 남기지 않았지만 한국시단에 남긴 발자취는 대단하다 하지 않을 수 없다. 그의 대부분의 시는 강진 생가에서 탄생되었다. 향토색이 넘치면서 소박하고 아름다운 서정이 잘 표현되고 있다.

「모란이 피기까지는」, 「돌담에 속삭이는 햇발」, 「오매 단풍 들것네」 등등의 시를 읽으면 우리말의 곱고 아름다움을 물씬 느끼게 한다.

영랑 생가를 둘러보며, 생전의 영랑의 모습을 찾아보니, 영랑은 방 안 책상 앞에서 오늘도 시상에 잠겨 있는 듯 앉아 있었다. 때가 때인 만치 뜰 안의 모란은 그 화려한 꽃잎 하나 남기지 않고 푸른 잎만 무성했다.

최근 뜨는 베트남 여행길에서

 75세의 해외 나들이다. 베트남 전시회에 참여 겸 관광 목적으로 새벽 2시 반 경 집을 나섰다. 마침 이번 우리 J대 평생 교육원 한국화반 B 교수 제자들로 구성된 '산묵회' 회원 20여 명은 한 여행사의 주간으로 베트남을 향해 떠나게 되었다.
 관광버스는 일차 광주역에서 일부 회원을 태우고 출발해 마지막 문화예술회관 후문에서 한 번 더 정차한 후 나머지 일행을 다 태우고 인천국제공항으로 달렸다.
 인천까지는 광주에서 근 4시간 반 달려야 한다. 차 안 공기는 난방기를 틀었는데도 내 아랫도리에는 찬 기운이 계속 감돌아 추위를 느끼며 가는 나의 심정은 괴로웠다. 나이가 많은 탓인지, 날씨가 추운 탓인지, 아! 이제 차 타고 먼 나들이하기가 어려운 때에 이르렀다는 생각이 더 들었다. 세상이 좋아서 이 나이에 해외여행을 가게 되지, 우리 아버지, 할아버지 세대에는 생각도 못 했을 터라는 부질없는 생각도 해보았다. 아무튼 마음은 즐겁고 행복했다.

전립선 비대증으로 밤중이면 몇 번이나 일어나 화장실에 들락거려야 하는 나이기에 밤중에 차 타고 가다 소변 마려우면 어쩌나 고민했지만, 웬일인지 생각 외로 그런 문제는 생기지 않고, 어느덧 인천공항에 도착했다.

베트남발 비행기는 오전 10시 15분경에야 이륙하게 되어 있어 대기 시간은 충분히 여유가 있었다. 긴 줄에 서서 출국 수속을 밟았다. 다행히 이전에 해외에 나가 본 적이 있어 항공표를 사고, 화물을 부치는 일이나, 여권 심사, 검색대 통과 등이 별로 어색하지 않았다.

우리가 타고 갈 비행기는 '베트남 항공', 근 400여 명의 승객을 가득 태운 채, 11시 반경, 그 육중한 기체를 서서히 들어올리며, 점점 하늘 높이 날아올랐다. 큰 학교 건물 같은 물건이 하늘을 나는 것을 볼 때, 인간의 두뇌의 힘이 얼마나 위대한가에 경탄을 금치 못한다.

기체 안, 내가 앉은 의자 앞마다, 그러니까 앞 의자 뒤쪽마다 TV 모니터가 설치되어 있어 승객이 보고 싶은 여러 가지 화면을 골라 볼 수 있었으니, 갈수록 시청각 정보화 기술이 발달되고 있음을 실감하지 않을 수 없었다. 아니, 이미 우리 세계는 손에 들고 다니는 무선 컴퓨터 기기라 할 수 있는 놀라운 스마트폰 기기를 각자 들고 다니며, 길 가다가, 차 안에서, 비행기 안에서도 전화는 물론 세계 곳곳의 모든 지식과 정보 즉, 문화, 예술, 오락 등 온갖 뉴스도 수시 생생하게 청취할 수 있으니.

비행기 안은 찬 기류가 계속 흘러 내 아랫도리를 차갑게 만들었다. 아까 관광버스 안에서 느낀 추위와 마찬가지였다. 히터 대신 에어컨이 가동되는가 싶을 정도였다. 마침 계기판에 나오는 하늘의 온

도는 -51°C에서 오르락내리락하니, 비행기 안도 차가울 수밖에 없는 것 같았다. 각자에게 주어진 담요를 다리에 감아보니 좀 더 나았다.

긴 밤을 설치며 비행기를 탔지만 기체 내에서는 잠이 오지 않았다. 나는 나의 전립선 비대증으로 인한 빈뇨 현상을 극복하기 위하여, 일절 술이라던지 톡 쏘는 콜라, 사이다, 심지어는 주스 같은 것도 먹지 않고 오직 맹물만 달라며 먹었다. 그래서인지 근 4, 5시간의 비행시간에도, 화장실에 가고 싶은 생각은 나타나지 않았다.

오후 1시 반경 무사히 '호치민' 공항에 비행기가 안착했다. 우리나라와 시차는 두 시, 여기가 더 늦다. 입국수속을 마치고 수화물을 찾은 뒤 곧바로 시내 관광버스에 올랐다. 이곳 베트남 '호치민'은 가을에 해당하는 건기로 32°C 안팎의 날씨가 지속되는 아열대 나라이다. 그래서 그런지 차창 밖으로 보이는 가로수나 집 근처의 야자수와 종려 등이 모두 온통 푸른색이었다. 다만 내리자마자 콧속으로 스미는 이상야릇한 매캐함이 눈살을 찌푸리게 했다. 상하의 나라 특유의 냄새가 아니겠는가. 우리나라 여름철 시내 하천가에서 풍기는 음식물 부패 냄새 같기도 했다.

오늘 일정은 이곳에 사는 회원이 마련한 작품 전시장을 먼저 들러, 작품을 개시하여야 한다. 그다음 전쟁 박물관, 중앙 우체국, 노트르담 성당 등 시내 관광길에 나서고, 또 성당 뒷골목 체계 거리 화랑가도 관광할 것이다.

관광길에 나서니 현지 가이드로 한국인 청년과 또 베트남인 가이드가 동행하며 친절히 안내했다. 관광버스는 한국에서 수입한 차로, 한국에서 표시한 한글 차명이 그대로 쓰여 있었는데, 오히려 그걸 자랑으로 여긴다 했다.

베트남은 내가 처음 발 디뎌보는 나라다. 이웃 태국은 공교롭게도 두 번이나 다녀왔으나 이 나라는 처음이다. 최근 동남아 국가 중에 경제가 가장 활성화되고 국민의 삶이 날로 향상되어 활기가 넘치는 나라, 동남아시아의 뜨는 나라 중의 한 나라였다.

이 나라는 남북이 유난히 긴 나라로, 동쪽은 서태평양 특히 말썽 많은 남중국해와 맞닿아 있으며, 북쪽은 중국 남부와 접하고 있어, 예로부터 중국의 침략과 지배를 많이 받았다. 그래서 중국의 유교, 불교, 도교 등 한자 문화의 영향을 지대하게 받아왔다.

또한 근대에 와서는 프랑스의 오랜 식민지배와 일본 등 제국주의 열강의 침략에 시달렸으며, 최근에는 남·북이 이념 대립으로 북은 공산 중국, 남은 자유 민주 미국의 지원하에 치열한 전쟁을 치르다가 북 월맹의 승리로 지금은 통일된 국가가 되었다.

베트남은 지금 공산당 일당 독재체제의 나라이지만, 개혁 개방을 통해 서양의 선진 자본주의 경제 정책을 도입하여, 동남아시아 지역의 신흥 중진 개발도상국가로 발돋움하고 있어, 국민소득과 경제 성장이 놀라울 만큼 향상되고 있다.

특히 한국의 선진 경제 성장 모델을 받아들이고, 한국의 기업체와 기업인을 대거 받아들여, 산업화, 근대화를 가속화 하고 있다. 오랜 베트남 전쟁 때, 한국군의 파월 등의 역사적 사실도 묻어둔 채, 한국인의 공장, 생산 활동에 적극 참여하며, 오히려 한국과 한국인을 동경하는 실정이라 한다. 특히 요즘 베트남 유소년 축구팀을 아시아의 톱 수준으로 끌어올린 박항서 감독의 공로 덕에 한국은 더욱 매력과 선망의 나라가 되어가고 있었다.

문학기행
   - 무(武)·진(辰)·장(長)을 찾아서

오늘은 어린이날 대체휴일로 연휴이다. 우리 같은 무직자에겐 별 의미가 없으나 젊은 직장인에게는 황금연휴의 날이다. 이날을 기해, '광주수필문학회'에서는 전북(장수, 진안, 무주) 쪽으로 문학기행을 나섰다.

광주수필문학회 회원 40여 명 이상이 관광버스로 아침 일찍 시내를 떠나 북쪽으로 향했다. 먼저 전북 철쭉 군락지 '봉화산'을 찾기로 했다.

봉화산 철쭉군락지, 여기가 어딘가?
정상에서 장안산, 남덕유산, 기백산, 지리산 바라볼 수 있는 곳
5월 초순이면 붉게 만개하니
해발 919m 자락에서 붉게 피어
이제는 남부의 편안 알리는
평화의 봉수대라!

좋은 친구와 언덕길 따라 꾸역꾸역 올라본다. 마침 붉은 철쭉은 제철이라 산길 양쪽으로 마음껏 피었다. 환영 대열 속을 끼어가는 듯한 기분이다. 어찌 알고 전국에서 많은 사람들은 해마다 찾아오는 것일까?

전북에서 무(武)·진(辰)·장(長) 하면 산중의 산중이라. 하지만 곳곳에 의리 있고, 뜻깊은 자가 많아 선각자, 애국자가 많이 태어난 곳이다. 2덕(德) 3절(節) 5의(義) 고장 장수(長水), 오늘 찾아가는 곳, 백용성 조사 죽림정사, 주논개 사당이 대표적이 아닌가?

2덕(德) 하면 방촌 황희와 수절신 백장 선생이요, 3절(節)은 의암 주논개, 충복 정경손, 순의리 백씨다. 5의(義)는 백용성 조사(祖師), 정인승 박사, 전해산 의병대장, 문태서 의병대장, 박춘실 의병대장이다.

장수는 방촌 황희 정승이 귀양 온 곳이다. 24년 간 정승의 직위에 계시면서 19년을 영의정으로 봉직하였던 분, 청백리로서 이도(吏道)의 귀감이시고 중용의 도를 실천하셨던 명재상이 아니던가. 양녕대군의 폐출에 반대하다 유배당하시었다.

고려 공민왕조에 대제학의 높은 벼슬에 있었던 백장(白莊) 선생은 이성계가 반정으로 고려를 멸망시키고 조선을 세우자, 치악산에 들어가 폐문불출 성리학 연구와 제자 양성에 몰두하던 중, 태종 이방원의 출사에 불응하자, 또 이곳 장수로 귀양 오게 되었다. 벼슬아치의 충과 정도를 지킨 자로 장수의 2덕인으로 꼽힌다.

3절(節)의 한 분이신 주논개는 양반집 딸로 태어났다. 아버지를 일찍 여의고, 장수 현감 최경회와 인연을 맺고 후실이 되었으나 1593년 임진왜란 진주성 전투 때, 경상우도 병마절도사 최경회가 순절하자, 나라를 지키려는 남편의 뜻에 따라 기생으로 가장하고 촉석루

연희장에 참석하여 왜장 게야무라 로쿠스케를 남강 쪽으로 유인하여 바위에 올라, 열 손가락에 가락지를 낀 손으로 왜장을 껴안고 남강에 투신하였던 의기가 아니던가!

백용성 조사(祖師)는 1864년 호남정맥의 종신인 장안산 남쪽 자락인 장수군 번안면 죽림리에서 태어났다. 14세 되던 해 남원의 교룡산성 덕밀암에 출가하였으나 부모의 극구 말류로 귀가하였다가 다시 출가해 해인사에서 다시 불문에 입문했다.

백용성 조사는 불교종단의 정화, 불경을 한글로 번역해 불교 대중화 운동에 앞장선 스님으로 3·1운동 당시 민족 대표 33인 가운데 불교계 대표로 활약하다 서대문 형무소에서 1년 6개월 옥고를 치렀던 애국지사이기도 하다.

목숨을 걸고 왜놈들로부터 향교의 소실을 지켰던 충복 정경손, 자기의 잘못으로, 주인(장수 현감 조종면)이 낙마해 죽었다고 통곡하며 손가락을 깨물어 혈서로 원한의 꿩과 말, 그리고 '타루(墮淚)' 두 자를 바위벽에 그려 놓고 자기도 물에 뛰어들어 죽었다는 순의리 백씨(殉義吏 白氏) 이야기는 크게 감동을 주었다.

점심은 수분령 휴게소 식당에서 맛있는 뷔페로 했다. 오후에 들른 곳은 성지라 할 수 있는 장수 성당 수분공소이다. 이 건물은 서양 기독교(천주교)의 유입에 대한 대박해라 할 수 있는 병인박해(1866) 이후 외지에서 피난 온 천주교 신자들의 교우촌이 형성된 수분리에서 신앙 중심지 역할을 한 곳이다. 1920년대 한옥 성당이 모습을 비교적 잘 간직하고 있는 건물이다.

초기 기독교인의 험난한 삶의 장을 뒤로하고, 찾아가는 곳은 금강 발원지 뜬봉샘이었다. 수분마을 뒷산 신무산 계곡을 따라 2.5km 올라가는 길은 완전 등산길이기도 했다. 숨을 헉헉 내쉬며, 모처럼 본 문학회에 참여한 친구와 함께 오르니, 70대 영감이라 하기엔 아쉬울 지경이었다.

일행 40여 명 중 여기 800고지까지 오른 자는 불과 15명뿐, 막상 현장에 와보니 돌무더기 사이에서 가는 물줄기만이 졸졸 떨어져 내리고 있었다. 여기가 금강 발원지인 '뜬봉샘'이다.

조선 개국 초 이성계가 봉황새가 무지개를 타고 하늘로 뜬 것을 보고 천지신명으로부터 개국의 계시를 받았다는 전설이 서려 있는 곳이다.

마지막 들른 곳은 마이산, 조사 이갑성 옹의 수련장이기도 하여 더 찾는 명소가 되었지만 말 귀 같은 마이산의 특이함에 반해, 더 찾는 사람이 많은 것은 아닐까? 암마이봉과 숫마이봉으로 이루어진 특이한 두 봉우리로, 프랑스 여행안내서 미슐랭 그린 가이드에서 별 세 개를 받은 명소 중 명소이다.

초여름으로 접어드니, 낮시간이 길어 좋다. 역시 친한 친구와 부지런히 걸어, 탑사 주변을 돌아 내려왔다. 어찌 나 같은 속인이 이 깊은 산속에서 살며 오묘한 도를 깨친 도사의 뜻을 조금이나마 이해하리오마는, 마음만은 숙연해졌다. 오후의 햇빛은 푸른 숲을 더욱 빛나게 했다. 신록의 아름다움과 기온의 다사로움, 맑은 공기, 푸른 하늘빛, 미세먼지로 찌든 도시민의 가슴을 깨끗이 씻어주는 기분이었다.

이국땅 연해주
- 블라디보스토크에서

　어느덧 광주수필문학회 일행을 태운 비행기는 무안 공항을 떠나 러시아 극동, 블라디보스토크 공항에 묵중한 기체를 내려놓았다. 현지 시간으로 새벽 1시 반경이었다. 한밤중이다. 여행 가방을 찾고 입국 수속을 밟는 시간은 그리 길지 않았다. 대부분 승객은 한국 사람이었다.
　예쁘장하고 젊은, 키가 꽤 헌칠한 한국인 가이드가 우리를 인솔하고 관광버스에 승차하게 했다. 여기 이 관광버스 제조회사는 우리나라 KIA여서 더욱 반가웠다. 우리나라 제조 버스가 쿠션이 좋아 인기라 했다. 차는 투숙여관을 향했다. 남은 밤 시간 잠을 자고 아침 느지막하게 일어나 다음 여정을 시작하기로 했다.
　호텔에서 아침을 먹고 차에 올랐다. 오늘은 먼저 신한촌(新韓村)을 가기로 했다. 우리 동포인 고려인들이 집단 거주하는 곳이다.
　잦은 비로 날씨는 시원하다 못해, 여름을 잊게 할 정도였다. 빗물을 많이 머금은 숲길을 걸어 내려가니 낮은 언덕바지에 세워진 '신한촌 기념비'에 이르렀다. 우리 일행은 함께 해외동포들의 애환을 추모하는 묵념을 올리고 기념 촬영을 했다.

과연 이국땅 블라디보스토크에서 무슨 일이 있었을까? 이역만리 타국에 살면서 갖은 수모를 다 겪으면서도 고국에 대한 향수를 짓씹으면서, 일제에 잃어버린 나라를 되찾으려고 싸우고 힘을 보탰던 동포들의 거룩한 넋을 위로하지 않을 수 없었다.

이곳 신한촌은 독립운동의 요람일 뿐 아니라 교육, 언론, 문화의 중심지로서 지금 러시아와 중앙아시아 지역에 거주하고 있는 50만 한민족의 근원지이며 마음의 고향이라고 건립기에 쓰여 있었다.

블라디보스토크의 신한촌은 1874년에 세워진 마을, 개척리 한인들은 꿈과 희망을 모아 이곳을 일궜다. 그러나 콜레라가 창궐하자 러시아 정부는 시 외곽으로 이들을 강제 이주시킨 것이다.

새로 만들어진 마을을 신개척리라고 불렀는데 한인들은 '신한촌'이라는 새로운 이름을 붙였다. '새로운 한인촌'이라는 뜻의 신한촌은 중앙아시아로 강제 이주 되기 전까지 존재하면서 해외 독립 운동가들의 주요 활동 근거지가 되었던 곳이다.

고조선에서 고구려, 발해에 이르기까지 한민족의 역사와 긴밀했던 연해주. 조선 후기인 1863년 함경도 농민 13가구가 이주하면서 고려인의 이주역사가 본격 시작되었다. 1905년 을사늑약 체결 전후부터는 수많은 애국지사들이 망명, 항일의 중심지로 떠올랐다. 고려인들이 집단으로 거주하는 촌락들도 생겨났다. 특히, 신한촌은 당시 규모가 가장 큰 한인 주거지로 1910년대 항일의 구심점이 되었다.

현 우리나라 최북단 두만강을 끼고 접해 있는 연해주, 한때 중국의 땅이었다가 지금은 러시아가 지배하고 있지만, 오랫동안 우리 민족, 그러니까 고조선, 고구려, 발해 시대에는 우리나라의 땅이었다.

그 연해주는 한민족에게 기억의 뿌리이자 약속의 땅이었다. 또한 우리 역사의 질곡과 함께하며 강인한 희원을 피워 올리던 생명의 땅이었다. 국경 너머로 희망의 씨앗을 옮겨와 심었고, 빼앗긴 조국을 향해 다시 국경 너머 꺾이지 않는 저항의 씨앗을 실어 보냈다.

연해주, 이 땅에서 우리는 고난과 절망을 딛고 곳곳에 싹을 틔운 씨앗들을 만날 것이다.

기념탑 앞에 놓인 꽃다발을 지키기 위해 탑 옆에 조그마한 관리소를 짓고 지금까지 지키고 있는 한국인 후예들, 그 모습은 비록 타국에 살지만, 결코 모국을 버릴 수 없다는 동포의 뜨거운 숨결이라 하지 않을 수 없었다.

가난한 러시아인들이 탑 앞에 헌화한 꽃다발을 가져가 되팔아먹었다니, 당시 러시아 한인회장을 맡고 있는 한국계 러시아인 3세인 이에체슬라브가 지금의 이 조그마한 관리소를 지어 손수 탑을 관리해 왔다 한다. 지금은 그는 죽고 그의 부인이 대신 지키고 있으며, 요즘 부쩍 많이 찾아오는 한국인들을 반갑게 맞이하고 있었다.

점심을 한식으로 먹고 블라디보스토크 심장부에 위치한 혁명광장으로 향했다. 19세기 말 사회주의당인 볼셰비키당이 왕당파 멘셰비키를 물리치고 사회주의를 달성하기 위해 많은 시민이 피를 흘린 곳이다. 동편 언덕 숲 아래에 우뚝 선 레닌 동상, 그는 오늘도 동쪽을 손가락으로 가리키고 있다. 이곳 극동 시베리아 지역을 지키라는 상징적 의미란다. 시베리아 극동지역 영토를 지키고 태평양으로의 진출을 꾀하기 위한 러시아의 영토 확장의 기치를 드높이기 위한 정책의 일환이라 하지 않을 수 없었다. 영하 4, 50도까지 내려가는 혹한

기에도 얼지 않는 항구를 건설하기 위해 유럽풍의 도시를 세우고, 극동함대사령부를 이곳 블라디보스토크항에 주둔케 하고 있었다.

독수리 전망대에서 바라본 금각만을 가로지른 세계 4대 교각 내에 들만큼 거대한 다리 금각교의 위용, 항만을 가득 채운 커다란 해군 함정들, 해안에 전시되어 있는 세계 2차대전 때 독일함대 14척을 격파했다는 C-56 잠수함정, 벽에 새겨진 전쟁터에서 산화한 수많은 순국 군인들의 이름들, 그 속에 한국계 인임을 느끼게 하는 김, 박씨 성 전몰자 그리고 그들의 넋을 기념하기 위해 지금도 변함없이 타오르는 불꽃 앞에서 전쟁의 참상이 떠올라 가슴 아팠다.

다음날 여정은 이역만리 타관 연해주 또 한 지역 우수리스크로 갔다. 이런 낯선 지역 등지까지 와서 갖은 고난과 수난을 겪어가면서 독립운동을 했던 하얼빈역 거사의 주역 안중근, 헤이그 만국평화회의장에 나가 일본제국주의 부당한 국권 침탈을 만 세계에 전하려 한 이준, 이위종, 이상설, 봉오동 독립군 전투의 승리의 주역 홍범도 장군 등등 그리고 이런 한국계 디아스포라 애국지사, 열사 의사들을 물심양면으로 적극 지원하여 거사를 성공케 했던 최재형 지사의 마지막 거주지도 들르고 그들의 발자취를 더듬으며 가슴이 뭉클한 뜨거운 애국혼을 잠시나마 되새겨 보았다.

마지막 코스, 만주는 물론 동토 시베리아 허허벌판인 아무르 강가에까지 일찍이 민족의 기상을 펼쳤던 발해의 옛 성터를 바라보니 만감이 교차했다.

무등산 오르는 날

오늘 산행은 무등산 정상을 오르기로 했다. 몇 년 만에 한 번 오를까 말까 한 산행이다. 지난번 산행 때 안을 냈다. 산행 전문가 벽송은 오늘 거행하기로 결정하고 희망자에 한해 결행하기로 했다.

나이가 들어, 무등산 중턱도 오르기 어려운 친구들이 많은데, 1,187m 높이의 산을 보통 마음으로 오른다는 것은 과욕인지도 모른다. 하나 난 기어이 함께했다.

아침 9시 50분쯤이 되어서야 산장 가는 버스는 산장 주차장에 도착했다. 산장에서 오르면 무등산은 반은 오른 셈이다. 벽송, 일송 그리고 나 셋이었다. 우석, 운재는 10여 분 전에 앞서갔다. 5명 중 벽송은 산행 베테랑이다. 주 3, 4회 산을 오르는 사람, 한시라도 집 안에 있으면 오금이 뜨고 답답하다고 한다. 어제도 멀리 타도까지 산행을 다녀왔다.

아침저녁으로 바라보는 무등산, 어머님 품 안같이 풍만하고 아늑하여, 빨리 가서 안기고도 싶은 산이다. 9시 50분, 산장에 하차한 우리 일행 셋은 함께 출발했다. 서석대, 입석대 오르는 옛 산길 따라 걸어 올라갔다.

　무등산 정상 천왕봉에는 공군기지가 있어 평소에는 접근할 수 없어, 서석대(1,100m) 고지까지 오르고 내려온다. 무등산은 돌기둥을 세워 놓은 듯한 입석대, 서석대가 있어 아름다우며 세계 지질 공원으로 등재되어 있고, 지금 몇 년 전부터 국립공원으로 승격되어, 관리되고 있다.

　옛 산길 따라 오르기 30여 분부터 숨은 차오르고 다리는 무거워지기 시작했다. 금년 나이 거의 70대 중반, 나이가 비슷한 고교 동창 산행인들이다. 주 1회 같이 산행하며 지내는 사이, 한 해가 가는 무렵, 무등산 영봉 등정을 꿈꾼 것이다.

　힘한 돌투성이 산길을 따라 계속 올라가야 한다. 주금동 옛 제련소 근방을 지날 때부터 숨은 더 가빠지고 맥박은 심하게 뛰었다. 난 조금 오르다 쉬곤 하지 않을 수 없었다. 퇴직 후 근 10여 년 이상, 산을 탔지만, 나이 탓인지 요즘은 무등산 중턱 토끼등, 바람재 오르기도 힘이 든다.

　어느새, 산사나이라 할 수 있는 앞잡이격인 벽송은 혼자 앞장서 걷기 시작하더니, 형체도 보이지 않았다. 3, 40여 분 먼저 간 두 친구를 따르기 위해서일 것이다. 일송과 쉬면서 걸어가다가, 어느 지점부터는 일송도 계속 앞서 걸어가더니, 보이지 않았다. 차라리 잘 되었다.

　난 숨차고 다리가 힘없고 무거워 조금 오르다 쉬곤 했다. 정말 늘그막에 높은 산을 오르는 것은 만행이이구나 하며, 중도에서 그만 내려가고도 싶었다. 상당수 산행인들도 나를 추월해 갔다. 고지까지

2, 3km 남은 지점을 지나자 오기가 났다. 어쩜 이것도 지혜 없는 행위일 수 있다 여기며, 난 사력을 다해 조금 오르다 자주 쉬며, 쉬엄쉬엄 혼자 오르기로 했다. 나 역시 산 욕심이 많아, 뒤처지지만 기어이 산 정상을 오르곤 했다.

　산사나이 벽송은 어느덧, 앞서간 두 친구를 따라잡았고, 정상까진 500여m밖에 안 남은 지점까지 갔다고 휴대폰으로 연락해 왔다. 난 몇 번이나 쉬며 또 쉬었을까? 끝내 목교 지점에 이르렀다. 무등 정상은 이미 군부대가 있기 때문에 차들이 다니는 길이 있다. 그러나 산행인들은 지름길인 옛길을 따라 걸어 오른다.

　목교에서 서석대 고지까지는 한 500여m밖에 안 되지만 계속 가파르게 오르는 돌길이다. 목교 휴게소에서 숨을 한참 고른 뒤, 다시 무거운 발길을 이끌기 시작했다. 금방 숨은 차오르고, 다리도 팍팍했다. 몇 번이나 쉬었을까? 드디어 입석대 앞에 이르렀다. 거의 다 오른 느낌이었다. 근 두 시간 10분이 지났다. 네 친구들은 이미 고지에 올라 쉬고 있으면서, 참고 올라오라 했다. 또 한 20여 분 마지막 길을 걸어갔다. 온몸이 땀에 범벅이 된 채, 오늘의 목적지 서석대에 올랐다. 마침 초겨울 날씨치고는 예상을 뒤엎고 너무 화창했다.

　군부대가 있는 천왕봉 최고지는 바라만 보며, 나도 네 일행과 합석을 했다. 술을 좋아하는 친구들은 술판을 벌이고 있었다. 나에게도 한 잔 권했으나 사양했다. 술에 약한 난 술 먹고 산을 타는 것은 안 좋게 여기고 있다. 나누어 준 간식을 먹고 쉰 뒤에 사진을 찍고 다시 하산했다.

　1시 반 산장에 있는 식당에서 점심을 먹기로 했다. 내려가는 발길은 훨씬 가벼웠다. 우선 숨이 가쁘지 않았다. 한참 같이 내려가다,

거금동 옛 제련소 터에서부터 나 혼자 뒤처져 가야 했다. 오늘 산행을 하며 이제 무등산 영봉은 더 이상 오를 수 없을 것 같았다. 나머지 친구들도 심정을 비슷하게 토로했다.

산행을 하며

　오늘은 산행하는 날이다. 무등산 큰 한 지류, '군왕봉' 쪽으로 올라가서 내려와 '발바우시장'에서 점심을 하기로 했다
　10시경, 출발 지점에서 함께 만나기 위해, 나는 9시 넘어 집을 나섰다. 두암동 '삼정초등학교' 정문 앞이 만나는 장소인데, 좀 생소하여, 어림짐작하며 찾아갔다. 1번 버스를 타고, 풍향시장 앞에서 내렸다. 그곳까지는 걸어갈 예정으로, 20여 분 걸으면 목적지에 갈 수 있을 것 같았으나, 그곳을 잘 모르니, 만나는 주민에게 물어가기로 했다.
　어느 여자 주민을 만나 물으니, 건너편 아파트 쪽으로 가라 했다. 시내이지만, 사실상 지리를 잘 모르는 곳이 많다. 또 한참 가다, 주민 한 사람을 만나서 삼정초등학교를 물었다. 그리 멀지 않은 곳에 위치해 있었다. 가다가 길가 찐빵 가게가 있어 8개를 샀다. 산행하며 친구들과 나눠 먹기 위해서다.
　드디어 삼정초등학교 근처에 도착했으나, 후문 쪽이어서 정문이

있는 곳을 정확히 몰라, 막연히 학교 긴 담을 감고 한참 걸었다. 모르면 이렇게 헤매는 것이 이 일뿐이겠는가! 인생살이 역시 마찬가지다. 무식하면 그만큼 힘이 들고, 헛고생도 많이 한다. 거의 한 바퀴 돌다시피 해서 정문을 찾았다.

백운, 반남도 언제 와 있었다. 산행 안내자 격인 벽송은 안 보였다. 카톡에 보낸 안내 설명이 좀 애매해 서로 한 곳에서 만나지 못했다.

오늘 산행은 '삼정초등학교' 정문에서 합세한 백운, 반남, 나중에 도착한 일송, 그리고 나와 그리고 삼정초등학교 정문에 아니라, 약 400m 떨어진 육교 밑에서 기다리고 있었던 벽송과 운재 두 사람씩 따로따로 산을 올랐다. 이 코스는 여태 가 보지 않은 산행 코스다. '군왕봉'은 몇 차례 올랐지만 딴 방향에서 오르곤 했다.

'군왕봉'은 무등산 한 지류 작은 산으로 산수동, 두암동, 각화동을 감싸는 지세이다. 특히 '삼정마을'은 옛 마을 터 자리로 옛 광주 향교가 있었던 곳이었으며, 이 고장의 학문과 전통의 고장이었고, 많은 선비들이 드나들며 청운의 꿈을 펼쳤던 유서 깊은 지역이었다. 군왕봉 이름처럼 주민들은 늘 높은 벼슬을 꿈꾸었고, 또 훌륭한 인물을 배출했다. '삼정마을' 이름이 생긴 것도 이 고장에서 세 정승이 배출될 것으로 믿었던 것이다.

이약이약하며 쉬엄쉬엄 기어오르니, 어느새 '군왕봉'에 이르렀다. 광주 시내가 한눈에 싹 들어온다. 우후죽순처럼 솟아있는 높은 아파트 건물이 숲처럼 언제 저렇게 많이 들어섰는지 의아심이 들 정도였다. 갑자기 갑갑증이 들기도 했다. 그래서 가끔 도심을 탈출하고 싶은 생각이 들곤 하는가 보다.

지금도 여러 군데에 아파트를 짓고 있는 모습이 아스라이 눈에 들어왔다. 구도심 살리기 일환인지 모르지만, 동시다발로 이렇게 많은 곳에서 도시 재개발, 재생사업이라는 이름으로 일시에 작업을 진행하고 있다. 요즘 짓는 아파트는 30여 층 넘는 고층 그것도 대단위이다. 내가 살고 있는 전대앞(신안동 사거리 근처)에도 지금 고층 아파트가 어디까지 올라가는지 모르게 계속 높이높이 짓고 있다. 이제 내 집에서 늘 볼 수 있었던, 좀 멀지만 볼 때마다 반가웠던 앞산(안산)은 반이 가려져 버렸다. 나는 이제 완전히 고층 아파트 숲에 갇히게 되었다.

군왕봉을 어느새 벗어나서, 각화동 마을길로 접어들었다. 눈에 띄는 풍경은 '각화 시화 마을' 조성이다. 이 지역은 도심 속 시골 같은 곳으로 전통문화와 예술이 함께 숨 쉬고 있었다. 벽에 그려져 있는 시와 그림, 주민들의 삶이 풍요롭게 느껴진다.

인근 주민들이 산책하기 아주 좋은 '무등산 자락 무돌길' 제1길, 각화(시화) 마을에서 각화 저수지, 들산재(싸리재), 신촌마을로 해서 등촌 마을까지 가면 약 3km, 소요시간 50여 분, 아침·저녁 산책길로 안성맞춤이다.

"무돌길은 마을과 마을을 잇던 길로써 1910년대에 제작된 지도를 기본 자료로 하여 발굴 복원한 길이다. '무등산 자락 무돌길'이란 이름은 구전으로 알려진 무등산의 옛 이름 '무돌뫼'와 '무등산을 한 바퀴 돌아가는 길'이란 의미를 지닌다. 총길이 약 51.8km, 15개 구간으로 거리와 역사성을 반영하여 복구한 길이다"라는 안내문이 친절하다.

제1길은 시와 그림을 동네방네 벽에 예쁘게 장식한 각화(시화)마을에서 시작하게 된다. 각화 저수지를 지나 들산재를 지나다 보면 먼 발치로 무등산 정상의 상봉인 천왕봉, 지왕봉, 인왕봉이 우뚝 솟아 보이며, 그 앞에 중봉, 원효봉, 누에봉 등이 하늘 아래 장엄하게 보인다.

들과 산, 마을과 사람들이 공존하는 전형적인 한국 들판이 시야에 들어오며, 산촌마을 부근에 다다를 즈음엔 가야금 병창 문명자 선생의 '성전국악전수관'을 지나게 된다. 무돌길을 걷는 이들은 1길의 막바지인 신촌마을에서 가야금 병창을 듣게 되는 호사를 누릴 수 있을 듯싶다.

싸리길, 각화(시화)마을 사람들이 싸리를 채취하러 주로 넘어 다니는 고갯길들이 들산재로 싸리재라고도 한다. 채취한 싸리로 빗자루, 삼태기, 바구니, 병아리 둥지 등을 만들어 서방, 계림, 양동시장에 갖다 팔아서 소득원이 된 각화(시화)마을 특산물로 유명하여 싸리길이라 하였다.

마을은 이렇게 옛 전통을 살려 개발하여 가며 사는 주민들의 지혜가 고맙고 돋보였다. 말바우 시장 어느 횟집에서 오랜만에 생선회로 점심을 즐겼다.

박경리 문학관을 찾아서

　오늘은 '광주수필문학회' 문학기행의 날이다. 목적지는 경남 통영이다. 차는 시내 문화전당역 근처에서 8시 반 경에 출발했다. 초대 손님까지 해서 차 안은 빈 자석이 몇 군데 없었다. 다 현 회장인 황 회장님의 노력 덕이다.
　오늘은 '광주수필문학회' 2016년 전반기 제62집 동인지 출간 기념회까지 겸했다. 통영으로 목적지를 정한 이유는, 그곳은 박경리 소설가를 위시해서 청마 유치환, 노산 이은상, 이호우 등 유명한 문인들이 배출된 곳이기 때문이다. 유명한 음악가 윤이상이 태어난 곳이기도 하다.
　오늘 가이드는 이 고장 출신 수필가이시며 전 통영 시장을 지내신 고동주 님이 하셨다. 먼저 한국 현대 문학의 어머니 '박경리 기념관'을 들렀다. 세 번째 왔지만 늘 새롭고 잘 왔다는 느낌뿐이다. 그는 대하소설 「토지」로 더욱 유명하며, 「김약국의 딸들」, 「파시」, 단편으로 「집」, 「인간」, 「평면도」 등으로 이미 이름을 날렸다.

"이 기념관은 박경리 선생 생전에 추진했던 사업으로 당초 충렬사 광장 주변 소설 「김약국의 딸들」의 무대였던 곳에 건립하고자 했으나 갑작스런 타계로 묘소가 이곳 양지 농원으로 결정됨으로써 문학관도 기념관으로 명칭을 바꾸어 건립하게 되었으며, 생전 박경리 선생의 인생관과 문학정신을 살리고, 요란하고 화려함을 싫어한 그의 평소 취향을 그대로 소박하고 단순 간결하게 건립하였다."고 한다.

"박경리 공원은 어린 연어가 어미 연어가 되어 그를 낳아준 고향 땅으로 모귀회천한 곳이다. 「김약국의 딸들」과 「토지」를 통해 고향 통영을 세상에 우뚝 세우고 알린 선생의 영원한 보금자리이자 안식처이다."

"선생의 유택은 선생의 평소 성품처럼 단순 간결하게 조성돼 있다. 일체의 인공미를 배제하고 자신의 시와 산문을 돌에 새겨 놓았을 뿐이다."

박경리 문학 기념관 관람을 마치고 문학세미나가 있었다. 바로 그곳 영상실에서 이 고장 출신 원로 수필가이신 고동주 님의 수필 강의를 들었다.

80세 무렵의 작가님은 비교적 아담한 체구에 머릿결이 하얘지신, 너무 점잖은 선비형의 인상을 지니셨다. 정직하고 청렴한 시장으로 재임까지 하셨다. 통영인으로 자부심이 대단하셨으며 유명한 예술가, 즉 음악인, 시인, 소설가 등이 동시대에 다수가 활동했던 항구 도시, 그 문인, 예술인들의 기념 문학관이 있는 곳도 드물리라.

그는 가장 기본적인 문장도에서부터 주제의 중요성과 소재의 적절성 등도 강조하셨다. 소재는 두 가지 이상 택하지 않는 것이 좋고, 수필이 분장한 허수아비가 되지 않도록 노력할 것과 내가 말하려는 그 무엇이 소재와 더불어 글 속에 묻어 있도록 해야 한다고 하셨다.

퇴고는 시일을 두고 최소 10회 이상은 보아야 하며, 열십 번을 보아도 잘못된 부분이 발견되는 경험을 하는 때가 많으며, 잘못을 하나도 발견할 수 없을 때까지 계속하여야 한다 하셨다.

'정원 식당'에서 먹은 통영 생선회 비빔밥은 그 감칠맛이 일품이었다. 점심을 먹은 후, 고 작가님의 특별 배려로 '통영 케이블카'까지 타는 복을 누렸다. 다행히 케이블카를 타려는 사람이 많지 않아 금방 탈 수 있었다. 10여 분간 타며 통영 시내의 경관과 푸른 바다 풍경을 볼 수 있었다. 미륵산 봉우리까지 올라갔다.

멀리 한산섬을 바라볼 때는 문득 임란시절 왜구를 보기 좋게 섬멸시킨 충무공 이순신 장군의 용맹과 기개가 자랑스러웠다.

다음 코스는 '거제도 포로수용소' 유적 공원, 아직도 끝나지 않은 분단의 역사 속에, 지난 아픈 역사를 더듬어 보며, 자성하고 대비를 잘하며 살아야겠다는 생각이 들었다. 특히 사상과 이념의 대립은 과연, 정치인들의 노림수에 끌려다닌 것이 아닌가 의심스러웠다. 그러나 그 정치인들의 선전술에 넘어가고 독재자의 술책에 어찌하지 못하고 순종하여 생명줄을 보전해 온 불쌍한 민초들이 아니었던가.

곧 충성하지 않으면 처참하게 죽임을 당하는 독재사회가 아직도 한반도 북단에 존재하니, 한반도의 하늘은 늘 암울하기만 하다.

거제도 포로수용소는 6·25 한국전쟁 즉 동족상잔의 결과물이다.

"1950년 6월 25일 새벽 4시, 북한 인민군이 38도선 전역에서 일제히 기습남침을 개시하여 서울은 3일 만에 함락되었다. 국군은 미군 및 유엔군의 지원을 얻어 낙동강 교두보를 확보하는 한편 맥아더 장군의 인천상륙작전으로 전세를 역전시키는 계기를 만들었다. 그러나 100만여 명의 중공군 개입으로 다시 38도선을 중심으로 치열한 국지전이 전개되었다."

"전쟁 중에 늘어난 포로를 수용하기 위해 1951년부터 거제도 고현, 수월지구를 중심으로 포로수용소가 설치되었고, 인민군 포로 15만, 중국군 포로 2만 등 최대 17만 3천 명의 포로를 수용하였는데 그중에는 300여 명의 여자 포로도 있었다. 1951년 7월 10일 최초의 휴전회담이 개최되었으나 전쟁 포로 문제에서 난항을 겪었다."

"특히, 반공 포로와 친공 포로 간에 유혈 살상이 자주 발생하였고, 1952년 5월 7일에는 수용소 사령관 돗드 준장이 포로에게 납치되는 등 냉전시대 이념 갈등의 축소 현장과 같은 모양이었다."

"1953년 6월 18일 한국 정부의 일방적인 반공 포로 석방을 계기로 7월 27일 휴전협정이 조인됨으로써 전쟁은 끝났고 수용소도 폐쇄되었다."

"그 수용소 자리는 지금은 일부 잔존 건물과 당시 포로들의 생활상, 막사, 사진, 의복 등 생생한 자료와 기록물들을 바탕으로 거제도 포로수용소 유적공원으로 다시 태어나 전쟁역사의 산 교육장 및 세계적인 광관 명소로 조성되었다."

그 생생한 역사의 현장을 실감나게 보여주고 있는 그곳, 마치 당시의 현장을 목격하는 듯, 비참함이 느껴졌다. 아픈 역사는 결코 반복되어서는 안 되겠는데 지금 분단 남북의 현실은 너무 대립하고 있다. 언제 화약고가 터질지 모르는 살얼음판이다.

오늘 광주수필문학회 문학기행은 문학의 소양을 쌓는 기회가 되었을 뿐만 아니라 조국의 아름다움, 그 뒤에는 아직도 분단의 아픔까지 안고 살아야 하는 안타까운 마음 금치 못하게 했다.

또 하나의 예향(藝鄕)

　광주 문협 2006년도 춘계 문학기행의 날, 차는 광주광역시 내 구도청 앞 광장에서 9시경에 출발하기로 했다. 날씨는 누가 받았는지 문학기행이나 야유회 하기에 알맞은 날이었다. 푸른 5월의 쾌청함과 신선함이 진초록 풀 향 속에 그득 묻어났다.
　예정 시간이 가까워지자 두 대의 관광차에는 일행으로 가득 찼다. 대개 회원에게 미리 연락하여 참여 여부를 묻거나 경비를 사전에 내도록 하지만 상당수 회원은 갑자기 나타나기도 한다.
　다수 회원은 낯이 설다. 현 회장도 아직 생소한 관계다. 또 다른 장르 회원도 함께 모이기 때문에 모르는 분이 많다. 더욱 이 행사에 매년 참여도 않기 때문에 새삼스러운 분들도 많다. 물론 나도 가입한 지 10여 년 이상이 되므로 구면도 많지만 새 회원이나 나 같이 어쩌다 한 번씩 참여하는 분은 알 수가 없다. 아무튼 한 차를 타고 동행하게 되면 자연스럽게 알게 되고 친숙한 관계로 발전하는 수가 많다. 자꾸 접하지만 어쩐지 거리감을 좁히지 못하는 인사도 있다.

나 역시 적극적인 관계를 가지려고 하지 않으니 더 그럴 수밖에 없다.

오늘의 문학기행 목적지는 전라북도, 그중에서도 비교적 전남과 가까운 부안 쪽이다. 여기에 그 유명한 현대문학의 거장 신석정과 조선 중기 여류(명기) 시객인 이매창이 부안 사람이라는 걸 미처 몰랐으니, 학문이 단문함이라 하지 않을 수 없다.

신석정 선생이야 어느 정도 알고 있다. 현대 문학의 개척자요, 완성자라고 할 수 있는 분이 아니던가. 강진의 김영랑과 함께 우리말을 구슬처럼 아름답게 갈고 다듬어서 우리의 정서를 절절하게 담아낸 순수시인, 언어의 조탁자요, 연금술사라고 찬탄하지 않을 수 없는 분, 「촛불」, 「슬픈 목가」 등 그 맑고 고운 시가 부안 선은(仙隱) 마을에서 탄생했다니. 또 조선 중기 개성 명기 황진이와 맞먹는 시객인 이매창이 살다 죽어간 곳이라니, 꼭 가 보고 싶었다.

차는 광주 요금소를 지나 기분 좋게 호남고속도로를 달려 올라가다 백양사 휴게소에서 잠시 쉰 후, 단숨에 정읍 교차로까지 달려와 부안 쪽으로 접어들어 갔다. 전북에 오면 항상 가슴이 툭 트이고 기분이 좋은 것이 그 넓은 들이다. 김제, 만경들로 연결되는 호남벌이면 지평으로 아스라이 전개되기 때문이다.

고부 군수 조병갑의 무지 몽매한 백성 탄압과 세금 찬탈에 죽창을 들고 저항하지 않으면 안 되었던 부안(고부) 군민으로만이 크게 각인된 기억은 다시 수정하지 않으면 안 되었다. 부안은 또 하나의 예향(藝鄕)이었다.

부안 땅에 도착하자 양규태 부안 예총회장이 탑승했다. 얼마나 향토애가 강하고, 문예에 애착심이 강하신지 한때 면장까지 역임한 행정가요, 등단한 시인이기도 한 이 분은 부안을 예술과 체육을 버무린 문화 관광지로 개발할 장구한 계획과 의지도 가지고 있었다. 또는 이 고장 문화 해설자, 관내 유적지와 명소 등에 대한 역사적 사실과 전설·신화적 자료까지도 해박하게 알고 있었다.

점심을 하기 전, 명찰 개암사(開巖寺)로 가는 도중 부안의 역사, 문화적 명소, 유적지에 대하여 설명해 갔다. 그중 부안 3절(三節)은 인상 깊었다.

개경에 3절(三節, 서화담, 박연폭포, 황진이)이 있듯이 부안에도 3절이 있었으니, 유희경, 직소폭포, 이매창이 아닌가! 이 얼마나 멋스런 예향 부안인의 풍모인가.

개암사, '능가산 개암사(嶺伽山 開巖寺)'란 일주문 현판이 현란하다. 특히 일주문 용(조각) 기초석은 예절에는 보기 드문 것, 울긋불긋한 단청은 한국의 색채의 미를 느끼게 한다. 일본 사찰에서는 전혀 이런 단청을 보지 못했다.

개암판 문고까지 찍어냈던 고찰 개암사, 어째서 내가 미처 와 보지 못했을까! 이 절은 백제 무왕 35년(634년)에 묘련왕사가 변한에 있는 궁전을 절로 고쳐 지을 때 묘암의 궁정을 묘암사, 개암의 궁전을 개암사라 부른 데서 비롯되었다 한다. 신라 고승 원호와 의상이 들어와 머물며, 이 절을 다시 지었다고 전해지고 있으며, 지금은 여러 요사채를 지닌 큰 절이 되었다. 둘러 싼 대나무 울타리와 갈대는 입구의 단풍과 함께 개암사의 고요한 멋을 더해 준다.

절을 감싸주는 뒤 개암산에는 주류산성이 있는데, 백제가 신라 김유신 침략군과 최후 결전을 벌였던 곳이라 하며, 앞 넓은 벌 역시 백제 부흥군이 항전을 하다 수많은 사람이 전사했던 곳이었다니 망국의 한은 영원히 잊히지 않은 것인가!

옛 역사적 슬픈 전설이 서려 있는 개암사를 뒤로하며, 일행은 다시 발걸음을 돌려야 했다. 여정이 그리 한가롭지만은 않기 때문이다.

　때가 되었는지 배 속에서 꼬르륵 소리가 난다. 차 안에서 준비위원들이 나누어준 음식물을 군것질했건만 상당한 시간이 지나서인지 시장기가 돈다. 오늘 점심은 '당산 마루'라는 이색적인 이름을 가진 식당에서 하기로 했다. 본 식당은 왕년의 만석꾼 이 부잣집의 자리라 한다. 이 부자(영일)가 살던 집이 지금은 유명 식당으로 쓰이고 있는 것이다. 집도 고풍스러운 데가 있는데, 주인마님의 옷차림도 그렇다. 음식도 참 먹음직스러웠고 맛깔스러웠다.

　오후에는 본격적으로 문학기행에 들어섰다. 부안읍은 조그마한 마을 같은 느낌이 들었다. 가로수가 마로니에 나무로 잘 가꾸어져 있는데 이름도 석정거리, 매창거리라 붙어 있어, 밤이면 연인들이 손잡고 걷는 낭만의 거리라고 한다. 영화 「풍화의 여인」이 이곳에서 촬영되기도 했다 하니 시골 소읍, 부안은 문화의 고장이요, 예술의 고장으로 주민들의 자긍심이 출중하게 느껴졌다.

　먼저 청구원(靑丘園) 방문, 이곳은 선은(仙隱) 마을로 대시인 신석정(辛夕汀 1907. 7. 7~1974. 7. 6)이 살며 문학 활동을 하였던 곳이다. 마을 이름도 '선은(仙隱)', 신선이 숨어 사는 곳이란 뜻이니, 이미 신선 같은 대시인이 나올 것을 예견이라도 한 것 같다.

　지금 세워진 집은 옛집 자리에 복원해 놓은 집이라 하는데, 어렵사리 농사 몇 마지기를 짓고 산 가난한 촌부 선비였음을 알 수 있었다. 그러나 그는 아름다운 우리말을 잘 살려 구슬 같은 시를 읊었으니, 그의 시풍은 전원적이며 목가풍이었다. 그래서 그를 전원시인, 순수시인이라 하던가.

1931년 「시문학」 3월호부터 동인으로 참여하면서 작품활동을 본격화, 그래서 그를 시문학파라고도 하였던 것이 아닌가. 그 해에 「선물」, 「그 꿈을 깨우면 어떻게 할까요」 등을 발표했고, 계속 「나의 꿈을 엿보시겠읍니까」, 「봄의 유혹」, 「어느 작은 풍경」 등 목가적인 서정시를 발표하여 독보적인 위치를 굳혔다.

『촛불』, 『슬픈 목가』, 『빙하』, 『산의 서곡』, 『대바람 소리』 등의 시집을 간행했던 '청구원(靑丘園)'을 나와 다시 차에 몸을 실었다. 덥지도 춥지도 않은 오월은 하늘까지 맑고 밝았다.

차에 오르니 잠시 내가 좋아했던 그분의 명시 제목이 떠오른다. 「그 먼 나라를 알으십니까」, 제목만 읊어도 먼 낭만의 나라, 이상향으로 빠져들어 간다. 문득 앞에 푸른 바다가 보인다. 그의 「파도 소리」 시가 떠오른다. 저 바다가 그의 가슴에 시심을 불러일으켰을 것이다. 자연은 그의 시 샘이지 않은가.

차는 곧장 '매창(梅窓) 공원'에 도착, 기생을 기리는 공원은 세계 어디에도 볼 수 없다 하며 설명하는 안내자의 모습은, 명기며 시객인 이매창이 부안 출신임을 극히 자랑하고 있는 부안인의 자긍심을 읽을 수 있었다.

큰길가에 위치하고 있는 공원에 들어서자, 기념관과 넓은 주차장이 잘 정리되어 있었고, 주변 야지엔 몇 개의 시비가 눈길을 끌었다. 첫눈에 띄는 시비, 매창의 유일한 시조가 아닌가.

  이화우 흩날릴 제 울며 잡고 이별한 님
  추풍낙엽에 저도 나를 생각는가
  천리에 외로운 꿈만 오락가락 하노매

임과의 이별 후에도 못 잊는 한 여인의 애틋한 모습, 비록 노류장화(路柳墻花)나 다름없는 기녀이지만, 이런 순정이 있을까 할 정도의 절절한 정(情)이 넘치는 시다. 황진이에 버금가는 명기라 하지 않을 수 없다.

시, 서, 율에 천재적 소질을 보였던 이매창, 태어난 지 석 달 만에 어머니를 여의고 아버지(이양종)에게 한문과 거문고를 배웠으며, 아버지가 죽어 천애고아가 되자 출신·성분 때문에 부안 현감의 부름으로 자연스럽게 기적에 올라 기생이 되었다 한다.

그는 미모는 출중하지 않았지만, 예술적 재능 때문에 기녀가 되지 않았나 싶고, 기녀가 된 후, 뭇 남성들로부터 흠모를 사게 되고, 또 따뜻한 정까지 나누는 남자가 생기지 않았나 한다. 그의 연인으로는 학자이며 대 시인인 유희경(劉希慶), 당시 김제 군수 이귀(李貴), 심지어는 대문장가 허균(許均)과도 연정을 나누었으니, 여걸이요, 문사라 하지 않을 수 없다.

> 아름다운 글귀는 비단을 펴는 듯하고(妙句堪摛錦)
> 맑은 노래는 구름도 멈추게 하네(淸歌鮭駐雲)
> 복숭아를 훔쳐서 인간 세계로 내려오더니(偸桃來下界)
> 불사약을 훔쳐서 인간 무리를 두고 떠났네(竊藥去人群).
> 부용꽃 수놓은 휘장엔 등불이 어둡기만 하고(燈暗芙蓉帳)
> 비취색 치마엔 향내가 아직 남아 있는데(香殘翡翠裙)
> 이듬해 작은 복숭아꽃 필 때쯤이면(明年小桃發)
> 그 누구가 설도의 무덤 곁을 지나려나(誰過薛濤墳)
>   - 허균(許均)

비단결 같은 글귀, 구름도 멈추게 하는 그의 노래, 마치 하늘의 선녀가 내려온 듯 착각할 정도로 귀재 허균에게도 짙은 감성으로 비춰졌던 그녀, 어찌 단순한 여인이라 할 수 있으랴. 마치 오늘도 매창 시비 앞에서 다시 그의 '이화우'를 읊고, 매창의 묘비 옆에 나란히 서 있는 이화중선 기념비 앞에서, 덩실 춤을 추며 '중선'의 노랫가락을 창하던 여인, 차 안에서 술 취한 남성 선배 문인들을 감싸주던 광주 문협 여류 문인들이 현신한 매창 같이만 느껴졌으니.

이제 하루해가 기울고 있다. 갈 길이 바쁘다. 시골 변방 같은 곳에 사는, 대 남정 시인, 여류 문인을 뵙고 떠나가는 기분이다. 석정, 매창은 길이 우리 문인 예술인들에게 잊히지 못할 인물들이다. 돌아가는 길에 서해의 짭짤한 갯내음이 밴 곰소 젓갈을 어찌 그냥 보고만 갈 수 있는가. 나그네 발길 바쁘지 않게 그러는지 5월 석양 햇살은 늦게까지 사라질 줄 모른다.

3

끝맺음이 좋아야

기본이 서면

책거리 턱을 먹었다. 이번 J대 평생교육원 한국화반에는 초보자들이 많다. 초보자의 첫 그림 공부는 사군자(四君子) 그리기이다. 그 중에도 난(蘭)을 그리는 공부가 시작이다.

난(蘭)부터 그리는 것은 난이 그리기가 쉬워서가 아니다. 난을 그리는 방법은 모든 그림(한국화)의 기본이다. 난 잎을 잘 그리면 다른 그림도 잘 그릴 수 있다는 것이다. 기본에 충실하라는 말은 그런 의미에서 나왔다.

기본자세(법)는 간단하고 쉬운 것 같으면서도 실상 쉬운 것이 아니다. 서예에 입문하다 보면, 맨 처음 듣는 말이 '한일(一) 자'와 '길 영(永)' 자만 잘 쓰면 다 잘 쓰게 된다는 말을 많이 듣는다. 난을 배울 때도 마찬가지였다. 난 잎 하나, 난 한 그루만 잘 그려도 그림 공부는 시작이 거의 이루어진 셈이라 했다.

붓을 처음 댈 때도 역입(逆入)하여 들어가는 것이 기본이다. 난 잎을 그릴 때도 마찬가지이다. 역입하여 붓을 움직이어야 한다. '기필부의 잎이 가늘게 된 곳을 첨두(添頭)라고 한다. 또 못 대가리 같다고 정두법(釘頭法)이라고 한다. 잎의 도중이 당랑(螳螂- 사마귀)의 배처럼 곡선 상으로 불룩한 곳을 당두 묘법(螳肚 描法)이라고 한다. 잎의 최후의 수필(收筆)은 쥐꼬리처럼 지화(紙畵)부터 뽑듯이 그린다. 이것을 서미법(鼠尾法)이라 한다. 정두(釘頭), 서미(鼠尾), 당두(螳肚)의 삼법을 기본으로 익힌 다음 자유자재로 운필함이 좋다.

　서예의 입문에서도 '한일(일)' 자 쓰기부터 시작한다. 선의 처음, 중간, 끝 부분이 명확한 필법으로 이루어져야 한다. 시작을 붓을 역입해서 힘을 주어 누른 다음 서서히 오른쪽으로 움직여 나간다. 끝부분은 말발굽(마제기법) 모양으로 처리해야 한다. '한 일(一)' 자 쓰기를 한 다음, 길 영(永) 자 쓰는 법인 영자팔법(永字八法 -측(側), 륵(勒), 노(努), 적(趯), 책(策), 약(掠), 탁(啄), 책(磔))을 몸에 제대로 익히면 서예의 기본은 터득한 것이 된다.

　난(蘭)이나 한일(一) 자만 제대로 쓰면 다음 단계의 것은 이 기본의 응용에 따르면 된다. 난(蘭)만 한 학기를 그려도 제대로 그리지 못하는 경우가 많다. 기본기(技)를 터득하기란 쉬운 일이 아니다. 모든 기법은 본인의 몸에 충분히 배어 있어야 자기가 원하는 바를 마음껏 표출할 수 있다. 어찌 그림이나 글씨뿐이겠는가! 모든 예술이 그렇고, 인생도 기본이 갖추어져야 제구실을 잘할 수 있는 법이다.

　서예의 대가 중의 한 사람인 창암 이삼남은 거의 매일 천여 자의 글씨를 썼고, 평생 세 개의 벼루가 바닥에 구멍이 날 정도로 먹을 갈고 글씨 쓰기에 매진했다 한다. 대가(大家)의 길은 오랜 각고와 절차탁마의 결과물이 아닐 수 없다. 심오한 예술의 세계와 인생 역정이 어찌 기본만 익혔다고 다 되겠는가.

인간의 지혜는 어디쯤

　몇 년 전 알파고와 이세돌의 바둑 첫 대결은 세계인의 주시 속에 이루어졌었다. 바둑 천재 이세돌이 이기리라는 기대는 무참하게 무너지고 4대 1로 그나마 한 판을 이기어 다행이었다. 연속 두 판을 지고 세 판째에서 이세돌이 이겼을 때 이세돌은 환호했고 보는 사람도 놀람을 금치 못했다. 역시 기계는 인간을 이길 수 없다고 생각했었다. 하지만 네 판째, 다섯 판째 내리 지고 말았다. 알파고와 인간의 바둑 대결은 이세돌 외에 중국의 제일인자 커제도 굴복시켰고, 일본의 천재 기사도 꼼짝 못하고 지고 말았다. 기계인 인공지능 앞에 인간이 지고 만 것이다.
　바야흐로 세계는 인공지능이 지배할 것으로 보고 있다. 많은 산업 현장과 생산 시설에서는 자동 센서에 의해서 작동되고 있다. 뿐만 아니라 각종 분야에서 이용되고 있고, 의료계에서는 진단은 물론 수술까지, 예술 작품도 생산되는 등 이제 인공지능 시대 소위 말하는 4차 산업의 시대에 접했음을 실감케 한다.

병원에서도 의사들은 거의 진단을 기계에 의존하고 있음을 본다. 나는 요즘 거의 정기적으로 병원에 다니면서 기계 앞에 서서 측정을 받고 그 결과에 의해 처방을 받는다. 의사도 기계의 판정을 더 신뢰하는 것 같다.

한의사셨던 나의 아버님은 환자를 진찰하실 때, 손목을 잡고 맥을 짚어 보시거나, 안색 등의 기력 상태를 보시고 판단하셨다. 그러나 일반 양방 병원에 가니, 의사가 목에 건 청진기로 환자의 가슴에 대보고, 몇 마디 묻고는 약 처방을 해주었다.

이제 고도의 지능을 가진 기계 덕으로 정확한 진단을 받고 치료까지 받을 수 있어 참으로 좋은 세상이라 여겨지지만 한편 두렵기도 하다. 의료 복지 덕으로 격년제로 받는 정기검진, 나이 든 사람에게는 좋다기보다는 무슨 병명이나 새로 내 몸에서 발견되지나 않을까 걱정이 됨도 사실이다. 지인 가운데 정기 검사를 받고 무슨 암 초기 증세가 보이니, 말기 증세니 하는 진단을 받고 충격을 먹고 있었다. 아니 부랴부랴 큰 병원에 입원하여 수술을 받고 계속 치료를 받았다. 하나 그 수술은 허사로 돌아가고, 환자는 몇 개월 더 못 살고 세상을 뜨고 말았다. 사람들은 수술을 안 받았으면 더 오래 살았을 터인데 하며 아쉬워했다.

전대 병원을 다시 한 달 만에 왔다. 지난달 정기 피검사에서 이상한 반응이 나타났다고, 혹시나 모르니까 다시 한번 더 검사해보자고 했다. 오늘 피검사 결과가 은근히 겁났지만 결과를 기다려 보기로 했다. 피검사 결과는 채혈한 지 두 시간 정도 지나야 판명난다. 아침 9시 20여 분 전에 했으니 적어도 11시 전에는 결과가 나올 것이다.

11시쯤 되니 전대 비뇨기과 박 교수 진료 전광판에 내 이름자가 드디어 떴다. 20여 분 대기 후에 차례가 되어 들어갔다. 박 교수, 검사 자료를 보더니, "워! 별 것 아니네" 하시며 피검사 수치가 지난번에는 4이었는데, 이번에는 2로 나타나 별문제가 안 된다는 태도였다.

요즘 피검사로 암 증후까지 측정하는 모양이다. 지난번 피검사 때는 아침밥을 먹고 가서 이상 반응이 나타났는가 싶어 이번에는 공복으로 가 채혈했다. 피검사 때는 아침밥을 먹지 않고 가는 것이 좋다.

사람의 병 중에 가장 무서운 것은 암(癌)이다. 아직까지 암 치료약은 없는 것으로 안다. 몸의 면역 세포가 약화되면, 몸속에 잠재되어 있는 수많은 암세포가 되살아난다. 나이가 지긋할수록 면역력이 약화되니, 주변에서 많은 암 환자가 나타나는 것도 그 이유이리라.

안심을 하면서 3개월 약 처방을 받고 다시 집으로 돌아왔다. 지금 몇 년 몇 개월째 전립선 비대증약을 복용하고 있다. 최근에는 '자트랄' 1정을 매일 밤 잠자기 전에 먹는다. 아직도 한밤중의 잦은 소변 증세는 가라앉지 않고 있다. 그러나 지금까지 이 정도나마 버티어 오고 있는 것은 순전히 발달된 현대 의약과 의술 덕이다.

한국의 의술은 세계적이라 한다. 한국은 지금 초고속으로 고령화 시대에 접어들고 있다. 다 발달된 현대 과학문명의 혜택이다. 최근 암세포만을 집중적으로 죽이는 약이 개발되었다는 말도 있다. 인간의 고도의 지식과 지혜로 만들어진 현대 문명 이기, 인간의 지혜를 뛰어넘어, 인공지능을 가진 기계와 로봇이 인간의 손을 대신해서 해내는 시대, 과연 앞으로 이런 첨단 기술이 인간을 역으로 해치는 단계에 이르지 않나 하는 의문도 든다. 또한 지나치게 기계에만 의존하고, 나아가 기계에 의한 과도한 진료가 이루어지지 않나 하는 느낌도 든다.

요즘 인간이 만든 기계는 편리하기도 하지만 위험하기도 하다. 기계를 만지다 오히려 다치고 심지어는 목숨까지 잃고 있는 일이 비일비재하지 않은가. 머지않은 날 사악한 과학자에 의해 살상 로봇이 나오지 않을까 걱정하는 사람도 많다. 그래서 기계화가 만능처럼 느껴지는 미래가 밝지만은 않은 것이다. 지금 인간의 지식과 기술, 그에 대해 대처하는 현명한 지혜는 어디쯤 나아가고 있는지 숙고해야 할 때이다.

고전에의 향수(鄉愁)

　오늘도 오후 4시경 '문우회' 모임은 어김없이 향교 문화재에서 열렸다. 이곳으로 자리를 옮긴 지 두 번째이다. 오늘도 새 회원으로 4, 5명이 들어왔고, 앞으로도 들어오고 싶어 하는 분이 많을 것이다.
　한문학의 마지막 세대들의 한문에 대한 향수가 커서 그럴까? 사서삼경(四書三經) 등 동양 한문 글에 서린 고매한 사상, 진리가 어찌 세월이 흐른들 변함이 있으랴. 공맹 같은 대 성인들의 가르침이야말로, 인간들이 살아가는 데에 꼭 필요하고 알아야 할 진리요 나침반이다.
　맹자(孟子)의 「진심장구」 하편에 이런 대목이 있다.
　"공자께서 진나라에 계시면서 왜 노나라의 뜻이 높은 선비들을 그처럼 생각하셨을까요?" 만장이 맹자께 물은 말이다. 맹자께서 말씀하셨다.
　"공자께서 말씀하시기를 '중용(中庸)의 도를 행하는 인물을 얻어서 가르치지 못한다면, 차라리 뜻이 높고 고집이 센 사람이라도 택해야

겠다. 뜻이 높은 사람은 진취적인 기상으로 일을 과감히 밀고 나가고, 고집이 센 사람은 옳다고 생각하는 일을 굳게 지켜 불의를 하지 않는 데가 있다.'고 하셨으니, 공자께선들 어찌 중용의 길을 가는 사람을 얻어서 가르치기를 원하지 않으셨겠는가마는, 꼭 그런 사람을 얻을 수 없었으므로 다 그 다음가는 뜻이 높고 고집 센 사람이라도 생각하셨던 것이다."

만장이 "어떤 점을 가지고 그런 분들을 뜻이 높다고 하십니까?" 하자 맹자께서 말씀하시기를 "그들의 포부는 엄청나게 커서, 옛날 누구는 어떻고 하며, 옛 성현들을 모범으로 내세우기는 하지마는, 실제에 있어 그들의 행위를 공평하게 따져 본다면, 그들의 행위가 그들의 말과 일치되지 않는 자들로서, 이를 일러 뜻이 큰 사람이라 하는 것이다. 그런데 이 뜻이 큰 사람조차도 얻을 수 없는 경우에는, 불의부정을 한사코 하려 들지 않는 사람을 얻어서 가르치고 인도하는 것이니, 이를 일러 고집 센 사람이라고 하는 것이다. 이 고집 센 사람(견자(獧者))은 뜻이 높은 사람(광자(狂者))의 다음 가는 사람이다."

또 맹자께서는 고을의 토호로서, 겉으로는 근엄하고 선하게 보이나, 실은 사리사욕에 빠진 자를 향원(鄕原)이라 하여, 경계할 인물이라 했다.

고문진보에 나온 재인(梓人) 이야기는 '재인은 도편수로서, 실제로는 대패질도 잘 못하고, 집에 자나 자귀가 없어도, 큰 집을 짓는 목수로서, 재도를 보고 좋은 재료를 써서, 소목들을 잘 부려 좋은 집을 잘 지어내는 자니, 작은 것에 소홀한 것 같으나 큰 원리에 어긋남이 없이 처리 잘 하는 자라' 했다. 소목은 나무는 잘 자르고, 깎으나 큰 집은 지을 줄 모른다는 뜻이다.

예나 지금이나 사람 쓰는 일은 중요하다. 옛 선현께서 '수신(修身) 제가(齊家) 치국(治國) 평천하(平天下)'라 했듯이 수신이 안 된 사람이 제가할 수 있으며 제가가 안 된 사람이 어찌 치국을 할 수 있겠는가. 더욱 사리사욕에 눈멀고 도덕성이 결여된 사람이 평천하를 할 수 있겠는가!

명화 「기생충」이 주는 의미

　이천이십 년 연초 우리나라 TV 화면에는 '봉준호' 감독의 영화계 수상 소식으로 꽉 차 있었다 할 정도였다. 가뜩이나 중국발 신종 코로나19(바이러스 폐렴균) 확산으로 위축되고 있는 국내외에 큰 생수 같은 희망의 메시지가 아닐 수 없었다.
　동아일보는 "기생충의 제92회 아카데미 시상식 점령은 K컬처의 새로운 '퀀텀 점프(quantum jump, 대도약)'의 순간으로 기록될 만하다. K드라마로부터 시작된 1차 한류, 아이돌 그룹과 싸이 '강남스타일', 방탄소년단(BTS) 등으로 대표되는 K팝의 2차 한류에 이어 3차 한류의 개화를 알리는 신호탄이 될 것으로 보이기 때문이다."라 하였다.
　이제 다음은 '문학계'에서 봉 감독 같은 업적을 남길 자가 속히 나왔으면 싶다. 노벨상 말이다. 어찌 문학계에 한하랴. 우선 그 작품 내용이 궁금해 TV 채널에서 찾아보았다. 그래서 아내와 난 근 두 시간에 걸쳐 TV에서 보여주는 봉 감독의 걸작 영화 「기생충」을 감상할 수 있었다.

내용은 '가난한 자와 부자가 갈등 내지 공존해 사는 이야기'라 할까. 지하 방에서나 사는 가난한 자들이 어느 부잣집에 가정교사로, 가정부로, 기사로 들어가 살면서 벌어진 이야기다. 부자가 며칠 동안 휴가차 나가 있을 때, 부잣집에 가정교사로, 가정부로, 기사로 들어온 아들, 딸, 어머니, 아버지 등은 식당에 맛있는 음식을 내놓고 먹으며, 한때나마 부자 행세를 하며 즐긴다.

그러나 그러고 있는 중, 갑자기 부자가 들이닥치자, 숨고 어쩔 줄을 모르는 그들의 모습, 지하실로 들어간 아들, 또 그 집 지하 창고에 기생하며, 갇혀 있다시피 하며 얻어먹고 살고 있는 또 다른 자들과의 갈등, 결국 기생충 같은 가난한 자들의 혈투, 정신이 돈 그는 지하에서 뛰쳐나와, 피투성이 된 채 칼을 들고, 부잣집 아들 생일잔치로 연회를 즐기고 있는 부자 가족을 무참히 살육한다.

그 통에 대홍수가 나 지하 방으로 겨우 도피한 가난한 사람들의 물과의 사투는 가난한 자의 처참한 삶의 아픔을 보여주고도 남았다. 부잣집에 위장하여 가정교사로 들어간 아들, 마지막에 다시는 그런 나쁜(악한) 방법으로 살지 않겠다며, 새로운 길로 나아갈 것을 다짐하는 모습은 신선했다.

자연계에는 숙주 몸에 기생하면서 상부상조 또는 적대관계 속에 사는 것들이 많이 있다. 코끼리 새와 코끼리, 코끼리 몸에 붙어 그 피를 빨아먹고 사는 진드기, 악어 이에 끼어 있는 이물질을 먹고 사는 악어새와 악어, 잠자는 짐승의 피를 빨아먹는 박쥐 등등, 알고 보면 적대관계만은 아니다. 서로 도움이 되는 사이이기도 하다.

이 작품에서 가난한 자들의 '기생충' 같은 삶은 결코 좋은 삶 방법이 아닌 것처럼 보이지만, 결코 대가 없이 붙어살고 있는 것은 아니다. 하나, 떳떳하거나 생산적인 삶의 모습으로 보이지 않는 면은 있다. 각박한 사회는 부득이 그런 삶을 택하게 만들고 있다고 볼 수도 있다. 지금 우리 사회는 아무리 노력해도 개천에 용 나오는 시대는 갔다 한다. 부한 자가 더 부해지는 사회 현실에 나타난 반발적 현상이 아닐 수 없다. 요즘 우리 사회에 있는 자들, 소위 높은 지위와 부를 누리는 자들이, 자녀의 부귀 세습을 위해 합법을 가장한 부적절한 행위는 할 말이 없다. 가짜 졸업장, 상장, 실적증명서, 논문 표절 등은 가난하고 힘없는 자들이 쉬 할 수 있는 일이 아니다.

정말 봉 감독 영화 작품 '기생충' 주제는 특이하고 사실적이다. 사실상 현 자본주의 사회의 일부 폐단이지만, 정말 다루기 어려운 귀한 주제가 아닌가 한다. 있는 자와 없는 자, 가난한 자와 부자의 갈등, 요즘 세상에 있을 수 있는 그러나 따져 보면 진정한 선한 사람, 악한 사람이 따로 없다는 걸 이 영화는 중의적 의미를 지니고 있다 하겠다.

"봉준호 '기생충' 오스카 삼키다. 최고 권위의 작품상에 감독상, 각본상, 국제 영화상 수상, 100년 한국영화 아카데미 벽 넘고 세계 영화사 새로 썼다"라고 쓴 신문기사 표제는 퍽 인상적이었다.

"기생충은 올해 제92회 아카데미 시상식에서 최고 권위의 작품상을 비롯해 감독상, 각본상, 국제영화상까지 4관왕을 거머쥐었다."

"'기생충'의 이번 4관왕 달성은 한국 영화뿐 아니라 외국어 영화로는 처음으로 작품상을 받아 오스카 역사도 새롭게 쓰는 기록을 달성했다는 점에서 의미가 크다."

"한국 영화는 지난 1962년 신상옥 감독의 '사랑방 손님과 어머니' 출품을 시작으로 꾸준히 아카데미상에 도전했지만, 번번이 세계의 높은 벽을 실감해야 했다. 그러나 이번 아카데미 시상식에서 후보에 지명됐을 뿐 아니라 4관왕의 수상의 영예를 안으며 돌풍을 일으켰다."

또 봉 감독은 최고의 수상소감을 남겨 세상을 더욱 떠들썩하게 했다. 봉하이브, 봉스라이드 신드롬이 생긴 이유이기도 하다. "봉 감독이 감독상 수상 후 '우상'이라고 수차례 밝혀 왔던 마틴 스코세이지 감독의 명언 '가장 개인적인 것이 가장 창의적인 것이다.'를 인용하며 존경을 표한 장면은 이번 아카데미 시상 중 가장 감동적인 장면으로 손꼽는다."라는 신문 논평은 우리 민족의 긍지가 아닐 수 없었다. 한국인의 자랑스러운 미래가 계속 열릴 것을 기대해 마지않는다.

끝맺음이 좋아야

　사람은 한평생 죄 없이 살기란 어렵다. 한 사람의 생을 아름답게 마무리하기란 더욱 어려운 것 같다.
　최근 정부 장관 및 고위직급 인사 등용에 있어 청문회를 하는 것을 본다. 본인의 일거수일투족에 대해 검증을 받는다. 능력은 말할 것 없고 살아온 가운데 도덕적 행태에 대해 매섭게 지적을 받는다. 자식, 아내, 일족 등의 가족들의 일까지도 들먹거린다. 대부분 한 점 허점이 없는 사람은 한 사람도 없다. 청문회 거치기가 어려워 아예 장관 지명을 거부하는 자도 있다 한다.
　최근 어느 시장이 시체로 발견되었다는 긴급 뉴스가 TV 화면에 떴다. 어제 오후 늦게 이미 TV 자막에 '시장 실종' 사실이 나타났다. 그의 딸이 '아버지가 이상한 말씀'을 하시고 배낭 메고 나가셨는데, 지금 스마트폰이 꺼진 상태로 통화가 되지 않는다며 경찰에 실종 신고를 하였다는 것이다.
　경찰의 7시간 추적 끝에 시장은 서울 북악산에서 사체로 발견되었고, 유서는 아직 발견되지 않았다 했다. 이 시장은 변호사로 있으면서, 시민을 위한 인권 보호와 복지를 위해 30여 년 이상 민권 운동을 하시다가 시장 보궐 선거에 입후보하여 당선된 후 3선까지 하고 있는 존경과 신망이 두터운 자였던 것이다.

엊그제까지도 중앙방송에 나와 당당한 모습으로 인터뷰에 응하시며 시민을 위한 시정을 자신감 넘치게 설명하시던 시장님의 모습을 목도한 나다. 그런 분이 밤새 연고라고 타살 아닌 자살했다고 보도되었다.

방송은 그의 죽음을 알리며, 시청 직원이었던 한 여자가 '이 시장에게 성추행'을 당했다고 경찰에 고소했다는 소식을 듣고, 일절 업무를 중지하시고 행방을 감추었다고 했다.

한 국민으로서 이 뉴스를 듣고 놀라지 않을 수 없었다. 훌륭하고 유망한 정치인이라고 추앙받던 분이 또 성추문으로 추락한단 말인가, 의아심을 가지지 않을 수 없었다. 일전에도 어느 도지사와 어느 도시 시장의 여비서와의 성추문 사건이 세상을 떠들썩하게 해 사회적 물의가 되었고 고위 공직자의 체면이 말이 아니었다.

오랜 기간 권력의 자리는 부패하기 쉬운 것 같다. 자기가 권력의 자리에 있기 전에는 전 정권에 대해 부패 적폐세력이라며 규탄하고 나서던 자들이 막상 권력의 자리에 앉더니 서서히 권력의 단물에 취해 부패해 가는 것 같아 국민으로서 씁쓸한 기분과 함께 불쾌감을 금치 못했다.

예부터 사람은 끝맺음이 중요하다고 했고, 그 인간에 대한 평가도 마지막 행적에 의해 재평가 받게 된다. 반면교사로 삼을 일이다.

어떻든 사회적으로 명망 있는 분이 실수 아닌 잘못으로 사회적으로 물의를 일으키고 뭇사람들의 입방아에 오르내리는 모습을 목도할 때 안타깝고 아쉬운 마음 컸다. 그러나 사람에 대한 평가는 함부로 할 것이 못 되는 것 같다. 후세에 재평가되어 추앙 받는 인물이 되기도 하고, 영원히 낙인이 찍히는 자도 있다.

생각은 자유다

생각은 자유이다. 똑같은 사물을 보고도 사람마다 다르게 이야기한다. 다름은 틀림이 아니고 각각의 판단의 차이이다. 그러나 가끔 어떤 인물이나 문제에 대해 심각하게 견해가 대립하는 수가 많다. 심지어는 자기만 옳다고 싸움판으로까지 번진다. 과연 그래야 할까?

사실 사물에 대한 생각이나 평가는 자기의 의견일 뿐 정답을 말한 것은 아니다. 아니 자기의 많은 지식보다는 생각의 부족함을 내보이는 기회이다. 우린 자기 견해에 대해 겸손해야 한다. 대화를 하다 보면 자신의 약점을 발견하고 보충할 때가 더 많다. 상대방 의견에 대해 상호 인정하고 받아들이기도 할 때 사회 발전이 더 잘 되고, 그런 사회가 참다운 민주 사회로 나아가는 지름길이 되지 않을까 한다. 최근 사회 명사의 죽음에 대해서도 마찬가지다.

오늘 어느 시장의 장례식은 5일장으로 치렀지만, 시민들의 반응은 찬·반으로 대립하는 '추모'와 '배신감'의 두 양상으로 교차하였다.

돌아가신 시장을 삼가 조문하는 온라인 조문객도 100만 명이 넘었고, 서울 시청 앞 시민 분향소에 이날까지 1만 9백여 명이 분향했다고 밝혔다. 반면에 '5일장 반대' 청와대 청원도 이틀 만에 50만 명 이상의 동의를 얻었다.

다음은 신문 기사를 읽고 참고한 내용이다.

고인에 대한 비통함을 앞세워 성추행 의혹에 반응하지 않는 당의 대응을 비판하는 목소리도 높았다. 어느 당 대표는 고인이 된 시장의 성추행 의혹을 묻는 기자에게 고인에 대한 예의가 없다며 욕설을 했다. 시장 사망 전까지 그의 정책을 지지했다는 어느 시민은 "당 소속 지자체장이 위계에 의한 성폭력을 저지른 것이 한두 번이 아닌 만큼 당 차원에서 내놓아야 한다"고 했다. "아니 그분이 그런 일을 자행할 분이 아니다. 모함에 빠진 것"이라고 말하는 사람도 있다.

지금 한 정치인에 대한 국민들의 반응은 첨예하게 다르게 나타나고 있다. 그의 평소 행적에 대한 존경심을 버리지 못하는 사람, 아니 그런 분이 그런 실수에 처하여 있음을 안타까워하는 사람, 높은 자리에 앉으면 그렇게 될 수밖에 없다고 회의적인 말을 하는 등등의 사람을 본다.

사람에 대한 평가는 더욱 어려운 것 같다. 한평생 잘못이나 허물 없이 산 사람이 몇 사람이나 되랴. 하지만 결정적 흠결은 치명적임에는 틀림없다. 역사에 큰 족적을 남긴 사람들의 행태에 대해선 더욱 두고두고 민중의 입에 오르내린다. 지조를 잘 지킨 사람, 또는 변절한 사람. 정의로운 사람, 부정한 사람, 충신, 아니면 역적으로 길이 길이 역사의 그런 인물로 말이다.

그러나 사람들은 평소 존경심이나 애착심에 따라 상대방과 다르게 긍정적이건, 부정적이건 또는 서로 정반대로 자기 의사를 표출할 때가 많다. 정치적 진영 관계 인물에 대한 평은 더욱 그렇고, 결국 견해차가 대부분 분쟁으로 발전하는 것을 많이 볼 수 있다. 아직도 우리 사회에는 부드러운 대화 문화보다는 토론 아닌 논쟁으로 치닫는 것이 아쉽다. 아예 친구들 간의 대화에서 정치적 이야기는 금기시하는 것이 더 지배적이다. 아니 삼가는 것이 좋다.

각자의 생각은 자유롭게 할 수 있지만, 자기가 표출한 견해에 대해서는 책임을 져야 한다. 사람은 자신의 문제에 대해선 유화적이지만 남의 일에 대해선 더욱 매섭다. 그래서 말은 적게 하고 신중하게 내뱉어야 한다고 흔히 말한다. 말하는 것처럼 어려운 일이 없다고 나는 늘 생각한다.

고문(古文) 속에 진보(珍寶)가 있다

한 달에 한 번 만나는 공부 모임이지만, 쌀쌀한 겨울바람 속에서도 회원들은 착착 도착했다. 멀리 시외 보성에 사시는 90 넘은 노익장님도 어김없이 오셨다. 배움에 어디 노소, 나이가 따로 있단 말인가.

21세기 마지막 유림들이라 해도 좋을 분들이시다. 지난해 연말 무렵 맹자를 마치고 새로 논어를 공부하기 시작했다. 고문 속에 진보가 있다. 삶의 참 진리가 있고 지혜가 있다.

논어(論語) 강의는 서산 공연웅 님이고, 고문진보(古文眞寶) 강해는 현재 김영웅 님이 하신다. 오늘도 서산은 책을 보지 않은 채, 원문을 외고 해석해 나가셨다. 이런 천재 선생님에게 강의를 듣는 것은 놀랍고 행복한 일이다.

논어는 공자의 언행 및 제자들과의 문답한 내용을 기록한 것으로 유가경전의 대표라 할 것이다. 공자님 같은 성현께서도 '배우고 때때로 익힘은 또한 즐거운 일이 아닌가(學而時習之 不亦說乎)'했다.

"공자께서 말씀하셨다. 제자가 들어가서는 효도하고 나와서는 공손하며 행실을 삼가고 말을 성실하게 하며 널리 사람을 사랑하되 인한 이를 친근히 해야 하니, 이것을 행하고 여력(여가)이 있으면 여가를 써서(이용하여) 글을 배워야 한다."

"정자(이천)가 말씀하였다. 제자가 된 직분은 힘이 남음이 있으면 글을 배우는 것이니, 그 직분을 닦지 않고 문을 먼저 함은 위기(爲己)의 학문이 아니다. 여기서 위기문학(爲己文學)이란 위인문학(爲人文學)과 상대되는 말로 자신의 마음과 몸을 수양하기 위하여 하는 학문을 이르며, 위인지학은 이와 반대로 남에게 인정받고 남에게 과시하기 위하여 하는 학문을 말한다."

또, "덕행은 근본이요, 문예는 지엽이니 그 본말을 궁구하여 먼저 하고 뒤에 할 것을 알면 덕에 들어갈 수 있을 것이다." "여력이 있지 못한데 문을 배운다면 문이 그 질을 멸하게 될 것이요, 여력이 있는데도 문을 배우지 않는다면 질에 치우쳐서 비루해질 것이다"라고 했다.

생각건대 역행만 하고 문을 배우지 않는다면 성현이 만들어 놓은 법을 상고하고 사리의 당연함을 알 수가 없어서 행하는 바가 혹 사사로운 뜻에서 나오기도 할 것이요, 단지 비루함에 잘못될 뿐만이 아닐 것이다.

사람은 늘 배움으로써 자기 부족함을 채울 수 있다. 그러나 올바로 배운다고 행함이 없고 책상머리에만 앉아 있어서도 안 된다는 의미를 알아야 할 것이다.

현재 님이 강해한 고문진보 중 '과진론(過秦論)'의 핵심 의미는 무엇일까?

"천하통일을 한 시황은 마음속에 스스로 생각하기를 관중(關中)의 견고함은 금성(철옹성) 천리이니, 자손들이 제왕의 지위를 만세토록 누릴 수 있는 기업이라 여겼다. 그러나 진나라는 구구한 옹주땅을 가지고 만승의 권세를 이룩하여 8주를 점령하고 동렬 등에게 조회 받은 지가 백여 년이나 되었다. 그런 뒤에 6합을 집으로 삼고 효산과, 함곡관을 궁궐로 삼았는데, 한 필부가 난을 일으킴에 7묘가 무너지고 몸이 남의 손에 죽어서 천하의 웃음거리가 된 것은 어째서인가? 인의를 베풀지 않아서였고, 공격과 수비의 형세가 다르기 때문이었다. 지난날 관중을 점거하였을 때는 곧 천하를 취할 형세가 있었는데 후에는 관중을 믿고서 마침내 천하를 지킬 도를 생각하지 않았다."

세상사는 잘 살 때 더 잘 아끼고, 살피면서 살아야 한다는 의미이고, 무사안일하면 곧 폐망할 수 있다는 교훈이다.

서예의 다양성과 창의성을 드높여

　사상 유례없는 역병 코로나바이러스 대유행(팬데믹) 속에서도 제14회 전남·광주서도협 공모전에 많은 작품을 응모해주시고 우수한 성적으로 입상하신 여러분에 대해 축하드립니다.
　이번 작품들은 서예의 다양성과 창의성을 드높여 날이 갈수록 전통문화로서의 진작과 서예의 생활화로 서예 문화의 새 지평을 열고 있어 매우 고무적이라 하지 않을 수 없습니다.
　심사 기준은 작품의 구성, 묵색의 농담, 그리고 작가의 필력, 창의성 등에 주안점을 두었고 집단심사제를 통해 전원합의제를 원칙으로 하고 작품의 수준과 작가의 성의를 고려하여 최대한도로 공정하고 일관되게 실시하였습니다.
　특히 한문 서체 위주의 틀에서 벗어나, 우리 고유 한글 서체의 다양성을 추구하고, 문인화, 캘리그라피 등의 영역을 도입하여 예술의 무한한 창의성을 추구한 점은 계속 권장할 만한 일이라 여겨집니다. 그러나 서예는 옛 서법을 전범으로 삼고, 법고창신(法古創新)의 기본

정신을 잊어서는 안 될 것입니다.

　입상자 여러분에게 거듭 축하하고 중단 없는 노력을 바라며, 이번 기회에 입상하지 못한 분들께서도 낙심하시지 말고, 서예를 통한 인격 수양과 자기 계발의 좋은 문화예술임을 인식하고 계속 정진해 주실 것을 부탁드리며, 이번 대회를 추진하신 운영위원님과 심사위원님들의 노고에도 아울러 감사드립니다.

처음이란

 서너 주 전 셀폰(휴대폰)을 스마트폰으로 바꾸었다. 지금은 바야흐로 스마트폰 시대가 되었다. 지식정보(IT)의 강국, 한국은 지금 세계에서 전자제품 세계 제일의 생산 국가다. 삼성, 엘지, SK 등의 IT 대기업 덕이다.
 오늘날은 통신기기가 유사 이래 비교할 수 없을 정도로 발달했다. 그 앞장에 한국이 서 있다는 것은 대단히 자랑스럽고 경하할 일이다.
 길을 가다가도, 차를 타고 가면서 스마트폰을 들고 보고 있는 사람들의 모습을 보고 있으면 별천지에 사는 느낌이 든다. 공상의 세계에 온 것 같은 착각을 하게 한다. 세상 모든 사람들이 아무 구애 없이 소식을 주고받고, 정보를 얻을 수 있다. 그러나 나 같은 자는 이런 기기에 발맞추어 가지 못하고 있다. 말하여 '문명의 미아'나 다름없다. 현대 문명의 이기에 대한 문외한은 때론 슬프다.
 나는 현대 문명의 이기 때문에 난처하고 곤란을 많이 겪었다. 그 처음 만남이란 당황스러웠다. 많은 사람이 그랬을 것으로 믿는다. 더욱 시골 사람인 난 가끔 도시를 내왕하며 또 직장생활을 하며 그 기기들을 사용할 줄 몰라서 창피 감을 많이 느꼈다.

　전화만도 그랬다. 전화기는 초기에 특수한 기관이나 사람에게만 있었다. 일반인은 우체국에 있는 전화를 사용해야만 했다. 그때의 전화기는 수동식으로 벨을 울려 전달했다. 처음 대하는 나는 수화기를 들고 손잡이를 돌려야 하는지, 그대로 놔두고 돌려야 하는지 등을 몰랐다. 모른다고 대신 걸어 달라고 하기도 뭐하여 나는 남이 하는 것을 유심히 엿보지 않을 수 없었다.

　교직에 첫 부임하였을 때다. 교무실에 전화기가 울리는데 사람들이 없어 할 수 없이 내가 받게 되었다. 수화기를 드니 상대가 나와 아무개 선생님을 바꿔 달라 했다. 난 수화기를 전화기 위에 다시 올려놓고 그 선생에게 달려가 '전화 왔다' 했다. 이미 전화는 꺼진 상태였다.

　그다음 도시 병원에 가니, 엘리베이터가 설치되어 있었다. 난 어떻게 하고 들어가야 할지 몰랐다. 처음 이 설비를 사용하기 때문이다. 난 한참 있다 다른 사람이 타니 그때야 함께 타고 갔다. 처음에 무엇을 작동해야 하는지 몰랐다. 5층까지 가려면 어디를 눌려야 하는지, 올라가는 버튼, 내려가는 버튼, 층 번호 버튼도 한참 있다 알았다.

　시골에만 살다가 한 번쯤 도시에 오면 당황스러운 것이 많다. 우선 수많은 집과 골목이 나를 혼란케 했다. 더욱 시내버스도 다니지 않은 도시에 있는 친척 집을 찾아가는 것도 어려웠지만, 도시의 신호등을 처음 대할 땐 참 헷갈렸다. 다행히 사람들이 많아 함께 건너면 좋으나, 나 혼자 덜렁 신호등 앞에 서면 신호등의 색깔에 대해 익숙하지 못한 난 한참 망설인 후 길을 건넜다. 어린 시절이었지만, 어른 된 지금도 그 기억이 잊히지 않아 나 자신이 민망스런 생각이 들 때가 많다.

시골에 살던 누이가 광주에 볼 일이 있어 왔다가 도로교통법 경범죄에 걸려 하룻밤 구류를 산 적이 있었다. 시골 아줌마가 도시 거리를 무단 횡단하다가 당시 교통질서를 단속하는 경찰에게 딱 잡힌 것이다. 그때는 장발, 교통 신호 위반 등을 철저히 단속하던 엄한 시절이었다.

매사 사소한 것 같지만 처음 대할 땐 서툴기 마련이다. 지금 구입한 스마트폰도 아직 제대로 사용할 줄 모른다. 수십 가지의 기능, 이제 차근차근 연구하고 공부하지 않으면 있으나 마나 한 문명의 이기가 될 것이다. 다행히 스마트폰은 사용할 줄 모른다고 비웃는 사람은 없는 것 같다. 내 나이가 나이인 만치 사람들이 이해해 주는 것 같다.

4

사후를 생각하며

모성(母性)은 강하다

　오늘날 세계는 영상매체 발달로 전 세계 구석구석에서 일어난 일들이 그날 중으로 세계인들에게 소개되고 알려진다.
　지금 세계는 코로나19 역병 사태로 골머리를 앓고 있으며, 하루에도 수천 명이 이 병으로 죽어가고 있다 한다. 소위 선진국이라 하는 미국, 영국, 프랑스, 독일 등 국가도 특별한 해소책을 찾지 못하고 어려움에 부닥쳐 왔다. 역병 대유행(팬데믹)으로 전 세계는 위기다. 사람들의 일상이 멈춰 버렸고 경제가 침체하여 가난한 자들이 더 곤궁에 처해 가고 있다.
　한편 선진국은 국가 예산을 풀어 긴급 재난 지원금, 복지 지원금으로 나누어 주고 있으나, 이 역시 빚을 내서 하는 경우가 많아 얼마나 지속될지 모른다.
　젊은이들은 일자리가 없어져 취업하기 힘들고, 성년이 된 남녀들은 가치관의 변화까지 겹쳐, 결혼은 선택이거나 혼자 살아도 좋다는 비혼주의자까지 나와 결혼을 안 하거나 포기하는 자들이 날로 늘어나고 있다. 내 아들 중에도 그런 자가 있으니 할 말이 없다.

　따라서 출산율은 저조하고 인구 감소는 국가의 존립마저 어렵게 될 것으로 보고 있다. 동성연애 합법화가 논의되고 낙태죄는 없애기로 할 판이며 결혼해도 자녀는 한둘이면 만족이다. 이런 때 일본인 어느 비혼 여자 출산 소식은 세계적 뉴스거리가 되고도 남았다. 비혼모 여성 최초(?) 출산이라는 보도가 TV에 나왔다..

　정자 기증을 통해 아기를 낳은 일본 방송인(후지타 사유리)가 '자발적 비혼모'가 된 이유를 직접 고백했다. 그는 "41살 때 생리가 제대로 안 나왔다. 산부인과에 갔더니 제 자궁 나이가 이미 48살이라더라. 곧 생리가 끝난다고 했다."라며 "눈앞이 깜깜해졌다, 아기를 못 낳는구나 싶었다."라고 털어놨다.

　그녀는 "좋아하지 않는 사람과 시험관을 해야 하나, 아이 갖는 걸 포기해야 하나 고민했다"며 "그렇다고 당장 남자를 찾는 게 힘들었다. 사랑하지 않는 사람이랑 결혼하는 게 두려웠다. 그래도 아기를 갖고 싶어서 정자은행에 갔다"라고 밝혔다.

　연인과 헤어진 이야기도 전했다. 그는 정말 사랑했던 사람이 있었는데 몇 년 동안 사귀었다가 이별했다가 반복했다며 "저는 빨리 결혼하고 싶다, 아기 갖고 싶다 했고 그 남자는 싫다고 했다. 그런데 우리 엄마가 아기 갖기 싫다고 하는 남자한테 내가 성폭력 하는 거라더라. 슬펐고 화났는데 그렇게 받아들일 수 있겠구나 싶었다. 그래서 그 사람과 이별하고 정말 힘들었지만 새로운 사람을 찾기도 어려웠다"라고 고백했다.

　그녀는 일본 한 정자은행에 보관돼 있던 남성의 정자를 기증받아 임신에 성공했고, 드디어 아들을 낳아 세계적 화젯거리가 되었다.

젊은이들이 정말 결혼을 싫어하는 것은 아닌 것 같다. 교직 시절 난 몇 노처녀 교사들을 만났다. 사석에서 농담조 이야기였지만, 그들은 솔직히 고백했다. 지금이라도 좋은 사람을 만나면 결혼을 하겠다는 것이다. 그러나 또 10여 년 뒤 다시 만났을 때도 그들은 결혼하지 못하고 있었다. 아마 노처녀로 교단을 명퇴하지 않았을까 싶다.

70대 중반을 넘은 아내는 급속도로 힘에 부쳐 밥하기도 어려워하고 있다. 아들 며느리가 있어도 서로 떨어져 살아야 하는 처지이며, 늙으면 부대끼다 양로원으로 가야 하는 세대이다. 그래서 그런지 요즘은 여자로 태어난 것을 몹시 불만스러운 투로 푸념을 늘어놓곤 한다. "여자이기에 아이를 낳고 기르는 고통을 감수해야 하고, 한평생 주부로서 대가 없는 식순이 노릇을 하고도, 엄한 시어머니, 시누이 등쌀에 시달려야 하는 여자의 일생은 슬프고 한 많은 신세가 아닌가" 하며 말이다. 아내는 딸 아이를 낳고는 몹시 눈물을 흘려야 했다고 한다. 자기같이 험한 여자의 운명을 견디어 내야 할 테니 하는 생각이 너무 들었다는 것이다.

그러나 모성(母性)은 강하고 위대하다. 누구나 여성은 대개 결혼해서 아이를 낳고 잘 기르며 사는 모성 본능을 지니지 않았을까? 세 아이를 낳은 아내는 임신 출산의 그 큰 고통을 잊어버리고 직업전선에 나가고 눈망울 말똥거리는 아이의 귀엽고 예쁜 모습에 취하여 젖을 빨리며 키워냈다. 고된 직장생활을 하고 노 시모 모시면서도 아이들을 끝까지 교육했고, 이제는 자식 둘을 장가 시집 보내 손자, 손녀들의 재롱을 바라보며 흐뭇해하고 행복해할 때가 많았다.

사실 이 강한 조건 없는 어미의 헌신과 희생의 모성애(母性愛)가 없다면 우리의 행복한 가정이 어떻게 이루어졌겠는가? 새나 짐승 모든 미물도 새끼를 낳아 기르기 위해 온몸과 마음을 다하며, 심지어는 생명도 바치는 비정의 모습을 보지 않았는가? 이 어미의 강한 모성이 있기에 모든 동식물 등 생명체는 존속하고 있다.

　오늘날 젊은이들의 현실과 자기중심적 결혼관은 심히 우려되지 않을 수 없다. 성년이 되어도 결혼하지 않고, 나이만 먹어 버리고 비혼을 즐기는 자들과 이를 방치하는 사회 분위기는 전혀 바람직스럽지 않다고 하겠다. 우리 젊은이들이 마음 놓고 결혼을 하고, 아름다운 가정을 꾸밀 수 있도록 국가 사회는 물론 우리가 모두 노력해야 하리라.

죽음 앞에서

 나는 또 상급 병원으로 갔다. 경증환자로, 10여 년 이상 계속 다니던 상급 병원에서 하급 병원으로 가라는 '회송' 조치를 받아, 가서는 안 되지만 난 다시 갔다. 큰 병원에서 다시 내 병 증세에 관한 확인을 받고 싶어서다.
 집에서 그리 멀지 않은 어느 중급 병원 비뇨기과를 처음으로 찾아 각종 검사를 받았는데 이게 뭔가. 청천벽력 같은 진찰 소견이었다. 피검사 수치가 4, 그리고 하부를 만진 결과 이상한 감을 느낀다며 무슨 안 좋은 조짐이 있을지 모르니 가족과 상의하고 병원에 다시 나오라는 의사의 말이었다. 의사의 말이 무슨 말인지 알고도 남았다. 감 잡고 나니 기분이 착잡해지고 무거워졌다.
 상급 병원에서 경증이니 하급 병원으로 가라고 했을 때의 나의 상쾌한 기분은 오늘 이 중급 병원 의사의 새로운 진단으로 백팔십도 하강 침체하고 말았다.
 나는 하늘이 까매졌다. 나도 이제 인생 마지막 죽을병에 든다고 하는 생각이 들었다. 절망감이 나를 며칠 동안 내리눌렀다. 삶의 의욕도 없어지고 누구와의 대화도, 만남도 하기 싫었다.

하지만, 난 이미 70대 중반을 넘으면서 죽음 준비를 하지 않은 것은 아니다. 내 죽음의 자리, 묘, 아니 봉안당을 미리 조성해 보려고 노력하고 있으니 말이다. 살 만큼 살았으니 하나님이 부르면 언제고 쾌히 응하리라 다짐했지만, 이번 의사의 말에 왜 나는 떨고 있는지 알 수 없었다.

나는 하나님께 기도하고, 주기도문, 사도신경을 몇 번이고 되뇌면서 하나님 뜻에 따르겠다고 했다. 그러나 난 약한 인간이었다. 떨고 위축되고, 절망감을 어찌할 수 없었다. 그래서 난 다시 상급 병원 의사의 진찰을 받고 정확한 판정을 받아 보려고 큰 병원을 오늘 간 것이다.

중급 병원 의사가 해준 말을, 난 큰 병원 의사요 교수님에게 말하자, 다시 검사받아 보고 증상을 살펴보자고 했다. 나의 우울한 마음은 계속되었고, 상급 병원 의사의 재검사 결과에 대해서도 불안한 마음이 들었다.

며칠 후 나는 상급 병원 검사 결과를 듣기 위해 병원을 향했다. 의사 앞에 앉아서 검사 결과에 대해 어떤 말이 나올까 불안한 마음 금할 수 없었다. 그런데 의사님 말씀, 아직 걱정할 증상이 아니네요, 하지 않은가. 피검사 결과가 괜찮네요 했다. 요즘 피검사로 조기 암 검진을 한다.

암 자각 증세는 말기쯤에 와서나 느낀다고 한다. 누구나 수십 개의 암세포를 평소 지니고 산다고 한다. 나도 암이 발발하고 있을지 모르나, 사실 요즘 나의 건강은 늙은 나이치고 괜찮다고, 즉 이만하면 건강하다고 자부하고 있다. 소변은 자주 보아 비교적 약 복용 덕인지 잘 보고 있다. 이 정도면 살만하다고 느끼고 있는데, 하급 병원으로 가라는 상급 병원 의사의 말을 듣고 처음 찾은 중급 병원 의사가 안 좋은 증상 즉 암 조짐이 보이니 조직 검사를 해보자고 해 긴장이 되었다. 초기 암 증세는 전혀 느낄 수 없으니 말이다.

  난 절망과 허탈감을 느끼면서 한 달 정도의 세월을 보내고, 다시 상급 병원을 찾았다. 나의 죽음의 보금자리도 고향 선산 부모님 모신 곁에 봉안묘를 만들어 놓았다. 자식들에게도 선언했다. 나 죽으면 화장하여 이곳에 넣어 달라고 당부했다.

  난 또 새로운 각오를 했다. 암은 불치병, 차라리 암과 함께 살다 하나님 부름에 따르겠다고 했다. 내 나이 팔순 직전인데, 인생을 살 만큼 산 사람인데 하며 말이다. 그러나, 상급 병원의 재진단 결과 중급 병원 의사의 진찰은 완전 오진이었다. 의사도 오진할 수 있다. 나는 아직 다시 희망을 품고 남은 삶 힘차게 살기로 했다.

  다만 건강이 악화하여 면역력이 형편없이 떨어질 때 암세포는 발병한다는 것이다. 나도 나이가 들 만큼 들어 많이 건강이 나빠지고 있다. 살이 빠지고 기력이 현저히 저하되어 걷기가 힘든다. 그래서 나도 언젠간 암이 발발할 수 있을 것이라는 생각은 뿌리칠 수 없다.

사후(死後)를 생각하며

　고향 선산에 '가족 봉안묘'를 조성하려 한다. 막상 산일을 시작하니 쉽지 않다. 비용도 만만치 않고 마땅한 장소가 없어 고민하다가 결국 조부모님, 부모님이 모셔져 있는 묘소 곁에 내 가족 묘터를 잡기로 했다.
　가파른 언덕바지라 굴착기로 다듬지 않으면 안 된다. 작년에 1차 터파기를 하다 중지했다. 올해에 다시 마음먹고 일을 시작하기로 했다. 나이가 깊어지고 몸이 점점 더 쇠약해지니 죽음 뒤의 일까지 걱정하는 것일까?
　묘는 사후 사람의 시신 안치장이어서 부모님 아니라 아내, 자식이라도 죽으면 집에서 멀리 떨어진 산속에 내어다 묻어버리는 것이 우리의 풍속이었다. 다행히 표나게 묘봉을 조성하고 있는 자는 상석 놓고 기념비도 세워 돋보이게 하지만 대부분 무덤은 세월이 오래 흐르다 보면 초라한 잡풀 속에 감추어 흔적 없이 사라져 버리거나, 내팽개쳐서 흐지부지되어 버리기도 한다.

죽으면 끝일까? 나에게도 부모님을 위시해서 조부모님, 증조부모님, 고조부모님, 5대조 부모님 묘소를 관리할 책임이 있다. 수시 찾아뵙고, 해마다 한 번이나마 벌초해드리며, 자손의 도리를 조금이나마 보인다.

오늘도 입동이 지난 겨울날치고 너무 다사롭다. 산일 하기에는 아주 좋은 날이다. 팀장님 왈, 주인이 후덕해서 그런다고 공치사까지 하지만, 다 힘들게 일하시는 분들 자신을 스스로 위로하기 위함 같다. 드디어 나의 사후 안장지 즉 봉안묘는 조촐하게 조성되었다. 7, 8명의 일꾼이 그 무거운 석재를 나르고 옮기며 쌓기 시작했다.

초겨울 한낮 날씨는 온화했으나, 오후에 접어드니 바람결이 차가웠다. 팔순에 가까운 노인, 자기 죽음의 집을 짓고 있다. 세상에 자기 무덤을 미리 만들어 놓은 자도 있을까 하지만 요즘 고령화 시대라 자식들에게 부담 안 주려고 자기 묘봉을 만드는 자들을 많이 본다.

그러나 차차 늘어나는 조상의 묘소, 그 관리는 큰 문제가 되고 있다. 자손들은 직장 따라 각지에 흐트러져 살고, 고향 선산을 지키는 자는 곧 늙어 없어질 판이다. 해마다 대여섯 개 군대의 조상 묘소 벌초를 하는 것은 큰 부담이 아닐 수 없다. 나 또한 이 문제가 걱정된다. 그리하여 나부터라도 묘봉을 없애고 최소의 곳에 한 줌의 육신의 흔적이나마 남겨 놓고 조상에 대한 정리(情理)를 잊지 않으려 오늘 이렇게 조그마한 가족 봉안묘를 만들고자 한다.

최근 많은 사람이 묘봉을 없애고, 평장을 하거나 수목장, 또는 화장하여 한 줌의 재를 단지에 담아 봉안당에 모시거나, 심지어는 바다나 산천에 뿌리는 자도 있다.

한국의 매장문화는 문제가 많다. 있는 자들은 명당이라 하여 전국의 산천을 돌아다니며 좋은 장지를 찾아 호사스럽게 꾸미곤 한다. 풍수지리설을 믿는 많은 자, 옛날이나 지금이나 부유한 자, 권력 있는 자들은 조상님 명당 모시기에 혈안이 되었다. 또 최근 유명 정치인들, 기업인들도 선조의 묘지를 영장지에 써야 대통하고, 큰일을 이룬다고 하며 호화 묘를 가꾸기도 한다.

그래서 한국의 산천은 묘로 온통 수를 놓은 상태가 되어가고 있다. 최근 정부에서 묘지 문화에 대하여 법적 제한은 둔다고 하지만 요직에 있는 자들이 지키지도 않으며, 또한 오랜 우리 조상숭배 사상이라 할 수 있는 전통문화라 하루아침에 확 바꾸기가 어려운 것 역시 현실이 아닐까?

선산 비탈진 좁은 곳이지만 부모님, 조부모님 묘소와 가까운 곳에 나의 죽음의 집을 지었다. 죽어서나마 부모님, 조부모님과 함께 지내고 싶어서다. 산 자의 소망이지만 어찌 죽음의 뒤를 장담하랴. 다만 이곳이 영장지는 아니더라도 바로 뒤로는 나의 고향 명산 보평산이요, 앞에는 서당골 연중 맑은 실개천 맑은 물이 흐르는 곳이다. 또 큰길에서 곧바로 찾아뵐 수 있어서도 좋다.

화(火)내면

나는 또 '화(火)'를 내고 말았다. 아내는 당장에 한방에 자지 않겠다고 한다. 내가 노기를 띨 때마다 아내는 딴 자리를 꾸려 지낸다. 그 기간이 일주일이 가고 열흘이 넘을 땐 때늦은 후회를 하기가 몇 번이었던가. 화 참기는 참 어려운 것 같다. 단 몇 초를 못 참아 성질을 부린다. 귀에 거슬린 말은 사람을 그렇게 화나게 하는 것인가? 수양이 덜 된 탓이리라. 그냥 흘려버리면 될 일도 기분 언짢게 받아들이는 것이다. 마음이 옹졸하고 미련하여 순간 판단 능력이 둔한 자일수록 더욱 그러하다고 한다.

그런가 하면, 우리 주변에 남녀를 불문하고 대범한 자를 가끔 볼 수 있다. 화를 내는 것을 볼 수 없다. 늘 포용하며 수용을 잘 해 준다. 말소리도 부드럽고, 항상 상대방 입장을 이해하려 들고, 좀 기분이 나빠도 참고 감싸주고 덮어 주기를 잘한다. 거스른 말은 귀담아 듣곤 나중에 차분히 말을 해 설득을 시킨다. 내가 만난 'J씨, 김 여사' 같은 분은 대장부요, 여장부다. 그런 분을 만나면 존경스럽고,

항상 반갑다. 그래서 그런 분 주변에는 사람들이 많이 따른다.

아무튼 '파삭' 하거나 또는 '욱' 하고 성을 잘 내는 자는 손해를 보았으면 보았지 잘 처신한다하거나 사람 좋다는 말은 못 듣는다. 상대방에게 거부감을 주고 멀리함을 당할 수밖에 없다.

나는 가끔 이런 실수를 아내나 자식에게 잘 저지르곤 한다. 이물스러운 사람이라 여기고 그러했겠지만 그건 큰 착오였다. 과거의 인습을 버리지 못한 나의 행동으로 함부로 성질을 낸 것이 아니었는가 한다. 그러나 이제는 나한테 당할 그들만은 아니다. 큰 만큼 큰 자식이요, 된 만큼 된 사람인 아내이다. 내가 화내면 상대는 더 내게 되는 것이 화의 속성이다.

화낸 자는 진 것이다. 화내서 상대방을 제압했다면 그건 어리석은 생각이다. 착각이다. 결코 화내지 말지니, 성경에도 '노하는 자는 다툼을 일으키고 성내는 자는 범죄 함이 많으니라'(잠언 29:22) 했다. '노하기를 더디 하는 자는 용사보다 낫고 자기의 마음을 다스리는 자는 성을 빼앗는 자보다 나으니라.'(잠언 16:32), '노하기를 더디 하는 것이 사람의 슬기요 허물을 용서하는 것이 자기의 영광이니라'(잠언 19:11) 등 많은 관련 경구가 있다.

화를 내고 얻는 것은 결코 없다. 화(火)는 곧 불을 지른 것이다. 뒤늦은 깨달음 잘 실천될는지 아직도 장담은 못하겠으니 어찌하리.

최상의 친구

　금년에는 '대학 동문' 야유회에 함께 했다. 작년 한 해 동안은 거의 이 동문 모임에 참여하지 못했다. 나이가 들면서 각종 모임에 다 참여하기에는 벅차서 생략하거나 중단하기로 작정했다. 문학 모임도 몇 군데 멈추었다. 친구 모임도 줄이기로 했다. 그러나 다 그만둘 수는 없다.
　나이 먹을수록 친구와 가까이하라고 한다. 모임은 지인과의 만남의 시간이다. 모임이 없으면 친한 친구도, 동창도 몇 년이 되어도 만날 수 없다. 나이 먹어서는 새로 친구를 더 사귀려고 하지 말고, 이미 알고 있는 친구와 더 가까이 지내도록 노력하라 한다. 아무리 새 친구가 좋다고 해도 옛정이 녹아 있는 친구만 못하다는 뜻이리라.
　사실 그랬다. 몇 개월 전에 동호회 모임에서 취미가 같고 성격도 나와 비슷하며 나이는 나보다 좀 아래나 의기가 상호 통해 좋은 친구로 지내고 싶다고 마음먹은 자가 있었다. 더욱 상대가 더 가까이 다가오고 친해지려고 노력해 더 정감이 느껴졌었다. 그러나 그 친구

갑자기 안 보이더니 병으로 몸져누워 있다는 것이다. 치료받는 중이니 나으면 곧 나가겠다고 했다. 요즘 세상 의술 좋고 약 좋아 곧 나아 만나려니 했으나 계속 나오지 않아 전화해 봤더니, 이미 세상을 떴다는 소식이었다.

만난 지 불과 몇 개월 안 되었지만 계속 만나면 좋은 친구가 될 수 있는 사람이 이렇게 허망하게 사라지는 것을 보니 세상 참 너무 허무하고 야속했다. 더욱 미안한 것은 생전에 병문안 한 번 못 하고 만 것이요, 문상도 못 갔으니 송구하고 서운할 뿐이었다.

인간의 목숨 밤새 연고라 했다. 올 때는 차례대로 왔으나 갈 때는 순서가 없다. 인생은 이승에 잠깐 왔다 가는 나그네이다. 벌써 많은 벗들이 내 주변에서 사라지고 있다. 부르면 언제고 갈 준비가 되어 있지만, 그러나 사는 동안 사람 만남이 더 소중하게 느껴지는 건, 남은 시간이 짧아서일까? 그리고 좋은 친구 사귐은 더욱 귀하고 값지게 느껴진다.

좋은 친구란 역시 오랜 정분과 교류가 있어야 두터운 사이가 되는 것 같다. 그동안 살아오면서 수많은 사람을 만났다. 한 동향인에서 학교 동창, 직장에서, 심지어는 여행길에서도 만나고 마주했던 사람들이 있다. 그들이 내 인생의 벗이요, 동료요, 동행자였다. 그러나 내가 그들과 얼마나 잘 관계를 유지했는가는 말할 자신이 없다.

난 내 성격 탓인지 정말 절친한 친구 몇을 들라 하면 못 할 것이 솔직한 내 심정이다. 생사고락을 할 수 있는 단 한 명의 친구만 있어도 그는 참으로 행복한 사람이라 한다. 다만 내 아들 하나가 친구를 잘 사귀어 다행이다. 친구라면 한밤중에도 나가서 만나고, 애경사가 있으면 거리 멀다 않고 찾아간다.

물론 변하지 않는 친구를 찾는 자는 무덤으로 가라는 러시아 격언이 있다. 염소나 양을 얼마나 가지고 있는지는 말할 수 있어도 친구를 얼마나 가지고 있는지는 말할 수 없다고 어느 로마 철학자는 말하였다. 그러나 우리 주변에 좋은 친구 사귐을 변함없이 비록 나이가 지극하여도 계속하는 자를 보면 존경스럽고 좋아 보인다.

나는 나의 조부님의 친구 사귐을 항상 잊을 수 없다. 팔순 직전 돌아가시기 전까지 오고 가시며 한담을 나누고 바둑을 두시며 지내시던 모습, 하루 친구 집에 가서 지내시면, 다음날에는 우리 집에 오셔서 함께 지내신다. 가끔 묵고 가시기도 하지만 대개 그날 가시는 경우가 많다. 반 마장 떨어진 마을에서 사셨다. 그 갓 망건에 하얀 도포자락 나부끼며 마을 고개 넘나드시던 모습이 지금도 가끔 떠오른다. 정말 죽마고우요, 막역지간이시었다. 친구분이 타관으로 이사 가시니 따라가실 정도였다.

좋은 친구 사귐의 예는 옛 고사에 나오는 '관포지교(管鮑之交)'이다. 이 말은 가난하고 어려울 때의 좋은 친구 사귐을 잘 말해 주고 있다. 관중과 포숙의 사귐은 후세 사람도 되새겨 볼 만하고 정말 부러운 친구 사귐이 아닐 수 없다.

"관중은 죽마지우인 포숙아와 둘도 없는 친구로 지냈으며 포숙아도 관중의 의리와 뛰어난 재능을 높이 평가했다. 그러나 관중은 집안이 무척 가난하였기 때문에 이익분배가 있을 때마다 간혹 포숙아를 속였으며 포숙아는 관중을 이해하고 모르는 척하며 덮어 주었다." 관중은 훗날 포숙아의 의리에 대해 이렇게 술회했다 한다.

"나를 낳아준 이는 나의 어머니이시었지만, 진정으로 나를 알아주는 자는 포숙아 뿐이었다."고 했다.

평소 좋을 때는 간과 창자를 내보일 정도로 마음속을 털어놓고 격의 없이 행동하건만 어려움을 당한 친구를 이해하고 돕는다는 것은 말같이 쉬운 일이 아니다. 도원의 결의처럼 단금의 의를 지키었다는 이야기는 영웅호걸에나 걸맞은 말이요, 보통 사람들은 이해타산에 좌우되며 사귄다고 보지 않을 수 없다. 그러나 알고 보면, 좋은 친구가 더 많이 있었기에 지금까지 살아오면서 이 사막 같은 삭막한 세상 외롭지 않게 살고 있지 않을까 한다.

직장 동료들이 생각난다. 비록 같이 근무하면서 꼭 좋은 관계인 것만은 아니었지만, 그런대로 서로 도우며 위해주었던 분들이 더 많이 있었다고 본다. 견원지간은 아니었지만 어쩐지 태클을 건다고 여기는 자도 있었다. 그 역시 나를 그렇게 보기도 했을 것이다. 그러나 이제 그 모든 분이 보고 싶고 생각난다. 헤어진 지 오래되어 만나는 자 드물다. 다행히 모임이라도 있으면 일 년 중 한두 번이라도 만나볼 수 있지만, 그러지 않은 자들은 감감무소식이다. 그들도 다 잊고 살겠지 생각할 뿐이다.

안 보면 보고 싶고, 보면 서먹한 사람도 있다. 아니 만나면 만날수록 계속 반갑고 그리운 자가 있다. 서로 만날수록 다정한 자가 된다면 그 이상 좋은 사이는 없을 것이다. 만나다 보면 갈등이 생기고 허물이 보이는 경우가 사실은 더 많지 않았을까?

최상의 친구는 역시 익으면 익을수록 맛있는 과일처럼 성숙한 믿음 속에 지낼 수 있는 자일 것이다. 나이가 먹으면 그저 늙어가는 것이 아니라, 익어간다는데 과연 보기 좋고 맛있는 과일처럼 익어갈까? 아니 추하게 터져 버리지나 않을지 걱정이 된다.

고희 무렵까지 살면서 주마다 산행하며 만나는 동창들이 있어 다행스럽게 여기며 산다. 죽마고우는 아니지만, 한 선생님 아래에서, 한 건물 안에서 머리를 맞대며 동고동락했던 그 철없던 시절의 인연이 얼마나 고귀한가. 우리는 한 고향 사람이라는 이유로, 같은 직장에서 생활했다는 이유로, 나이가 같다는 이유로, 취미가 같다는 이유로 만난다. 자주 만나는 자는 가장 가까운 친구이다.

낮잠

하루 한두 차례 낮잠 자는 버릇이 생겨버렸다. 요즘은 아침에 일어나기도 힘이 든다. 기운이 없다. 나른하다. 억지로 일어나 세수하고 밥 먹는 경우가 많다. 나이 먹은 탓일까?

내 어렸을 적 낮잠은 생각도 못할 일이었다. 뜨거운 여름 오후는 졸립다. 낮에 잠을 자는 것은 '게으른 사람이 하는 일'이라며 마루에 걸터앉아 자울자울 하고 있으면, 호통치시던 할아버지 불호령 때문에 난 어린 시절 낮잠을 자지 못하고 자랐다.

이른 아침, 먼동이 트여 바깥이 훤해지면, 할아버진 '아직도 자고 있느냐'고 소리 지르신다. 나는 눈을 비비며 일어나 밖으로 나가 취한 잠을 깨곤 했다. 그러나 그때 잠을 얼마나 더 자고 싶었는지 모른다. 처음 몇 번은 할아버지의 불호령을 못 들은 척, 이불 속에서 꿈틀거리고 버티기도 했다. 하지만 할아버진 급기야 이불을 걷으시고 얼른 일어나기를 기다리셨다. 그래도 내가 버티고 안 일어나면, 회초리를 들고 내 아랫도리를 몇 번 사정없이 후려치실 듯했다. 그

때는 별수 없이 잠결에서 슬금슬금 일어나 밖으로 줄행랑을 쳤다.

그래선지 난 젊었을 때 낮잠을 거의 안 자는 편이었다. 항상 낮에는 정신이 말똥했다. 아침 일찍 일어나고, 낮잠을 안 자는 습관이 몸에 배었던 것이다. 더욱, 직장 생활 하면서 규칙적으로 출퇴근을 하며 살았기 때문에 그랬지 않았나 싶다.

그러나 이제 육순을 넘고, 칠순을 지나고 보니 오후만 되면 잠이 쏟아져 얼마나 자는지 모른다. 이제 누가 호통 칠 분도 없지 않은가!

낮잠 한숨 보약이라는 말도 있다. 요즘 어떤 회사나 학교에선 일부러 낮잠을 자게 한다는 말도 있다. 낮잠을 한 참이라도 한 자가 더 일을 능률적으로 잘한다고 했다. 학생들은 학습 효과도 커진다고 하니, 생리적 현상은 적절히 다스리는 것이 좋다는 의미도 되겠다.

요즘 나의 낮잠은 노쇠 현상에서 생기는 일이겠지만 한숨 자고 나면 몸이 가벼워지는 느낌을 가진다. 그러나 잠은 죽음이라 했다. 지나친 잠은 게으른 자의 징표이다. 할 일 많은 사람들이다. 시간이 부족하여 일을 못하고 말 때가 많다. 사당오락이라는 말도 있었다. 네 시간 자고 공부한 학생은 대학에 들고, 다섯 시간 자고 여유를 부린 학생은 낙방했다는 말이다. 시간은 분명 금이었다.

성경 「잠언」에 나온 말이다. "게으른 자여 네가 어느 때까지 누워 있겠느냐 네가 어느 때에 잠이 깨어 일어나겠느냐 좀 더 자자. 좀 더 졸자. 손을 모으고 좀 더 누워 있자 하면 네 빈궁이 강도 같이 오며 네 곤핍이 군사같이 이르리라"(잠언 6:9~11).

어렸을 적 할아버지께서, 일찍 깨우시고, 낮잠을 못 자게 하신 것은 무슨 이유였을까? 아마 손자 놈이 게으름뱅이가 될까 봐 그랬을 지도 모르겠다는 생각이 든다.

그러나 이제 나 같은 자에게 누가 오는 잠을 못 자게 하고, 시간의 가치만을 강조하겠는가. 아니, 이제 나 같은 늙은이야말로 시간을 잘 활용하여 건강을 유지하기 위해 잠도 충분히 자며 사는 것이 더 현명하리라.

건강, 어찌 내 마음대로 되는가. 하나님이 주시고 자연이 주어야 한다. 아무튼 건강은 나뿐만 아니라 가족을 위해서 꼭 실현되어야 하는 일이다. 아직도 날 믿고 살고 있는 아내와 가족이 있다. 지금 이렇게 살고 있는 것만도 다행이요 하나님이 주신 큰 축복이라는 생각이 들 때가 많다. 알고 보면 나 역시 매일 복용하는 두 알의 약 덕택이기도 하다. 사람들은 몸뚱이 어디 한 곳만 고장 나도 죽는 것을 많이 본다.

지금은 내가 할아버지가 되어 손자를 가르쳐야 할 때가 되어버렸으니, 세월의 무상함을 금치 못한다. 하나 그 할아버지의 역할을 못하고 있다. 손자 놈은 제 아비 어미 직장 따라 멀리 떨어져 살고 있기 때문이다. 요즘은 애들이 부모 말도 잘 안 듣는다고 한다. 늦잠 때문에 학교에 늦는 애들이 많아 등교 시간을 늦춰주기도 한다니 세상 참 많이 변했다.

세상이 변해도 너무 변했다. 어찌 세상만 변했는가. 내가 너무 변해 버렸고, 세상 풍조도 엄청 변해 버렸는데, 나만 가끔 미몽에 빠져 어리석은 생각을 하고 있지 않은가 한다.

이제 잠은 자나, 잠 속에 꿈을 뭐 그리 힘들고 어지럽게 꾸는지, 각박할 때가 많아, 우울해지는 일이 잦은 인생살이라 그럴까, 악몽을 꿀 때가 많다. 장자몽을 나도 꾸는 것 같다. 꿈속에서 내가 땀을 뻘

뺄 흘리는 악몽을 꾸고 나면 나는 이 세상 사는 것과 꿈속이 더 다를 바가 없다고 여기는 때가 많다. 지금까지 살아온 인생을 되돌아보면 얼마나 아슬아슬한 때가 많았는가. 희로애락의 그 순간, 몸과 마음이 어떠했는가. 그래서 괴로운 꿈, 전전긍긍하는 깊은 밤이 오는 것을 결코 반갑게 여기지 않는지도 모르겠다.

잠은 모질다. 오는 잠 참기란 얼마나 어려운지 겪어 본 자는 알 것이다. 나폴레옹은 전선 마상에서 잠깐잠깐 뜬잠을 자며 그 험한 알프스를 넘어야 했고, 군인은 빗발치는 총알이 날아오는 속에서 총 든 채 행군을 해야 했다. 나 역시 소파에 앉아 신문 기사 몇 줄 읽고 있으면 어느새 졸음은 내 눈꺼풀을 내리누른다. 꼬꾸라져 그대로 잠에 빠진 경우가 한두 번이 아니었다.

일하고 나서 살포시 드는 잠은 달콤하다. 농부는 한나절 일하고는 점심을 들기가 바쁘게 한숨을 돌린다. 자고 나면 새 기분이 든다. 그래서 또 들로 나간다. 노래의 나의 할머니도 매일 산밭 가 풀을 뽑으시다가도 피곤하시면 잠깐 눈을 붙이시곤 했다. 단잠이지만 보약이었다.

묘소(墓所)의 의미

　추석이나 설 명절에는 조상의 묘(墓)를 찾는 성묘의 풍습을 지키지 않는 사람이 거의 없을 것이다. 비록 아버지, 어머님, 할머니, 할아버님 등 위 대조 분께서 이 땅에 계시지 않지만, 시신이 묻혀 있는 곳 곧, 묘소(墓所)를 찾아가면 살아 나오실 것만 같은 느낌이 든다.
　묘소는 제2의 인간의 고향이요. 집이 아닐까? 고향의 산소에 가면 비록 이승에 안 계시지만 고향의 전답과 산천을 지키고 계시는 것이라 여겨질 때가 또 많다.
　곳곳에 조상님을 모셔 놓은 무덤을 볼 수 있다. 어렸을 때 무덤은 무섭게 여겨지는 혐오의 대상이었다. 혼자 외딴 산어귀 무덤이 많은 곳을 지날 땐 으스스한 느낌 때문에 오금이 저렸다. 그러나 나이가 지긋한 지금은 오히려 정감이 든다. 또 곳에 따라 묘소를 크고 화려하게 꾸며 놓은 묘소를 보면 부럽기도 하다. 묘 앞에 상석을 놓고 표지석을 세우고, 조상님의 생의 자취를 기록해 놓기도 한다. 자손들은 그 묘소에 찾아올 때마다 조상님에 대한 존경심, 감사함 등을 느끼고 추모의 염을 금치 못하리라.

그런가 하면 깊은 숲속 잡목이 우거진 채, 자손이 돌보는지 안 보는지 내팽개쳐진 듯한 묘소도 많이 본다. 아마 자손이 없거나 있어도 조상의 선영에 관심을 가질 수 없는 짠하고 안타까운 어려움에 부닥쳐 있는 집안일지도 모른다. 비록 인간은 죽어 육체는 썩어 한 줌의 부토로 돌아가는 허무한 존재이지만, 땅속에 생명이 멈춘 육신이나마 묻어 드리는 것은 영혼은 영원히 살아서 하늘나라 어디에 살아 계시고 항상 우리 후손들을 지켜 보고 있다는 믿음이 있기 때문이다. 그리고 사실상 자손이라는 생명체를 남겨 놓음으로써 인간의 생명은 영생불사하고 있다 하지 않을 수 없다.

옛사람들을 보더라도 권력이 있고 유력한 자들은 거대 호화 무덤을 만들고 시신까지도 안치해 영원히 모셔 놓은 것을 본다. 중국의 진 씨 왕릉, 이집트의 피라미드, 우리나라 광개토 대왕 적석총, 신라 왕실 고분군 등, 우리 소시민들은 이렇게 크고 호화로운 묘소를 어찌 세우랴. 하지만 흙에서 태어난 인간 결국 흙 속에 묻히지 않을 수 없으니 깊은 산속 어느 한적한 곳 인간의 눈이 잘 띄지 않는 곳에 조촐하게나마 흙으로 덮어 묻어둔다. 그리고 늘 찾아뵈며 예를 표한다.

우리 집 역시 오랫동안 살림이 어려워 부모님이나 조부님 등 위 대조 분들의 묘소에 표지석 하나 세우지 못하고 지내왔다. 항상 찾아뵐 때마다 자손으로서 너무 작아 보이고 소홀히 모시는 것 같아 미안하고 송구한 마음을 금하지 못했다. 그러던 중 최근 내가 퇴직금을 조금 쪼개, 부모님, 조부모님 등 몇 대조 분들의 묘소에 조촐하게 조그만 상석과 묘표를 세워드렸다. 돌아가신 분들의 존함, 사신

곳, 조상의 계보를 대충이나마 기록하고, 할머님 이름은 안 썼지만, 어느 성씨 가문 출신이라는 사실을 써 놓음으로써 후손들이 찾아올 때마다 몇 대조 선조이시다는 사실을 쉬이 알 수 있어 우선 좋았다. 마치 산속 어느 귀퉁이에나마 살아 계시고 있다는 느낌을 가질 수 있어 한순간이나마 흐뭇했다.

우리 민족은 조상의 묘에 대한 신앙심이 깊다. 특히 풍수지리설을 깊이 숭상하여 명풍수를 찾고, 명당지를 물색하여 조상의 묘소를 쓰고, 자기 집안의 길흉화복과 출세 영달도 꾀하는 자들은 조상의 묘를 어디에 잘 쓰느냐에 달려 있다고 여겨왔다. 더욱 있는 자, 권력자들이 그러다 보니 지금 산천이 온통 묘소로 가득 차지 않았을까 하는 우려도 없지 않다.

그러나 최근의 풍습은 너무도 많이 변해가고 있다. 많은 가정이 제사를 간소화하고, 묘소를 평장하거나 관리하기 좋을 대로 집단 묘소를 설치하여 모신다. 또 봉 있는 매장보다는 사람들의 시신을 화장하여 한 줌 재를 함에 담아 평장이나 봉안당에 모신다. 나무 밑에 수목장하고 심지어는 물론 일부 사람들의 행위라 여겨지지만, 영혼을 자유롭게 날아다니게 바다나 산천에 흩뿌려 버리는 등의 풍습으로 변모하고 있다.

나는 구세대도 아니고 어중간한 신세대라 그런지 조상의 묘소에 대해 어떻게 관리해야 할지 고민을 많이 한다. 묘봉으로 되어있는 묘소는 해마다 한 번 정도나마 벌초를 해야 하는 의무감이 있어 돈을 들여서라도 벌초는 해 드린다. 하지만 한두 봉이 아니니 큰 부담감을 느끼는 것도 현실이다. 그런다고 묘봉을 없애고 화장해 봉안당을 만들어 모시기도 쉬운 일이 아니다.

요즘 많은 주변 분들이 이런 관리상의 문제 때문에 조상의 묘소를 과감하게 재정리하는 모습을 본다. 평장이나 봉안묘를 주로 많이 조성한다. 아무튼 난 고민 끝에 현상을 유지하며 내 죽은 후부터 봉안묘를 만들어 그 수없이 늘어나는 개인 묘소를 만들어야 하는 문제를 없애기로 했다. 그러나 이 역시 훗날 자손들이 어떻게 대처하고 관리할지 알 수 없다. 예법은 가가례요 시대마다 변한다.

아내의 트라우마

　사람은 감정의 동물이다. 수시 환경 변화에 따라 기분이 좌우된다. 공연히 우울해지는 날도 있고 그런가 하면 마냥 기분 좋은 날도 있다. 특히 내 건강이 안 좋으면 주변 환경에 더 영향을 받는다. 나 역시 요즘 감정의 기복이 심하다. 가족 간에, 부부간에 감정 조절이 안 돼 갈등할 때가 많다.
　솔직히 그랬다. 나이 먹으면 아들 며느리가 함께 살면서 우리 노부불 건사해 줄 줄 알았다. 그런데 현실은 그렇지 않은 방향으로 돌아갔다. 자기들 직장, 생업 때문에 부모와 같이 사는 자식은 없고 멀리멀리 떨어져 산다. 명절 때나 찾아온다. 부모가 자식을 손님처럼 모셔야 한다.
　부부 역시 둘만 사니까 좋을 것 같지만, 어느덧 세월이 많이 흘러가면서 힘은 빠지고 거동하기도 불편한 단계에 이르니, 한심한 생각만 든다. 아니 둘은 끄덕하면 서로 탓하며, 옥신각신 지난 트라우마에 시달리기 일쑤다.

아내의 삶은 고달프고 힘겨웠다. 여자가 결혼하여 생소한 사람인 남편 가정에 들어와 사는 자체가 낯설고 신경 쓰였을 때가 많았을 텐데 거기에 삐딱한 가족이라도 있어 시비하고 트집 잡았다면 얼마나 고통스러웠겠는가?

아내는 막내로 부유한 집안은 아니었지만, 부모님의 사랑을 독차지하다시피 하고 살았다. 갑자기 시집이라고 와서, 특히 시누이들한테 구박당했다면, 평생 트라우마가 생기지 않을 수 없었을 것이다. 그동안 살아오면서 남편인 나에게 그 괴로운 내색 한 번 않고 살아준 아내가 정말 고마울 뿐이다. 아내는 벙어리 3년 귀머거리 3년이란 옛말이 있듯이 신앙심과 인내로 살아온 것이다.

이제 늘그막에 이르러 반세기 이상 살아온 삶의 반추가 시작되면서 곱지 않은 그 트라우마가 서서히 기어나오고 있어 정말 괴로운 지경이 될 때가 많다. 아니 결국 남편을 잘못 만나 그렇게 살게 되었다고 공박하는 때가 많다. 난 그럴 때마다 안타깝고 괴롭다. 어떻게 그 증상을 치유해 줄까 고민된다. 최근 정신건강병원에 다니며 약을 먹고 있다.

아내는 오랫동안 장거리 출퇴근하면서도 아이들 도시락 몇 개씩 싸주면서 교직 생활을 성실히 했다. 나중엔 건강이 안 좋아 명퇴를 하고 육순을 넘기고 칠순까지 넘기면서 사는 데 그동안 삶이 독이 되고 건강을 그르치는 원인이 되었을까?

물론 남편인 난 아내의 그동안 무한 희생과 헌신의 덕으로 살아왔고, 나 역시 정년까지 할 수 있었다. 그러나 되돌아보니 난 한 번도 아내에게 고마운 말 한마디 못 하고 살아오지 않았는가. 아내에 대해 난 너무 소홀했고 너무 몰이해했음을 솔직히 고백하지 않을 수 없었다. 그런 심정에서 나온 아내의 원망과 투정 이제 다 받아들이고 늦게나마 갚기 위해 노력하고자 한다. 이제라도 집 안 청소는 내가 도맡고, 설거지도 가끔 돕기로 했다. 그동안 사 주지 못한 양말 한 켤레, 화장품 한 가지라도 사 주려 하나 이것도 잘되지 않는다.

팔순 고비에 다다르다 보니 건강은 갈수록 악화하고 기력은 약해진다. 기억력도 무디어져 간다. 세월은 언제 이렇게 우리를 만들어 놓았을까 하는 인생에 대한 무한한 허무감만이 앞선다.

살면 얼마나 산다고 함부로 말해 상대방에게 상처를 주는 일은 없어야 하겠다는 생각이 들 뿐이다. 트라우마의 사전적 뜻을 마지막으로 살펴본다. 정신에 지속적인 영향을 주는 격렬한 감정적 충격, 여러 가지 정신 장애의 원인이 될 수 있다고 되어있다. 우린 가족이나 친구 등이 허물없는 사이이면서 더 상처를 주는 말을 하는 경우가 많다.

보릿고개

쌀 20kg을 또 샀다. 약 한 달 만이다. 우리 내외, 아들 세 식구가 먹는 양이다. 전라북도 장수산 신동진 쌀, 동진 쌀보다 한 단계 더 개발된 쌀이다. 쌀의 질이 전국적으로 좋다고 알려져 있다. 전북지역의 특산 쌀로, 미질이 뛰어나 밥을 지어놓으면 밥맛도 좋아 지금 생산량도 과잉이라 할 정도다.

팔순을 앞둔 나 같은 사람이 쌀밥을 많이 먹고 살 때가 언제부터였을까? 난 순 쌀밥보다 보리쌀을 상당히 넣어 밥을 지어야 밥을 잘 먹는다. 순 쌀밥보다 입에 더 맞다. 그러나 요즘 식당 밥을 먹으면 100% 순 쌀밥이다.

가끔 쌀밥을 먹다 보면 5, 60년대 밥상이 생각난다. 끼니마다 먹는 밥은 보리밥 아니면 죽이었다. 밀가루죽을 얼마나 많이 먹었는지 모른다. 질려 짜증을 낼 때가 많았지만, 조밥이나 보리밥 아니면 먹을 게 없었다. 그 당시 밀가루죽이라도 먹는 집은 실은 있는 집이었다.

난 어렸을 때 할아버지와 겸상을 하며 밥을 먹었다. 당시 우리 집에서 할아버지만 보리밥에 쌀이 좀 더 들어있는 밥을 대접해 드렸다. 할아버진 그 밥을 다 드시지 않고 가끔 남겨 나에게 내밀곤 하였다. 그땐 난 냉큼 받아먹을 때가 많았다. 보리밥이나 죽만 먹어 신물이 난 때라 그 한 볼테기 쌀밥은 얼마나 맛이 있었던지, 난 가끔 할아버지가 그렇게 남겨주시기를 은근히 기대하곤 했다.

밥을 하다 보면 먹고 남는 때가 많다. 아들은 가끔 아침밥을 먹지 않고 일터에 나갈 때가 있다. 우리 내외와도 가끔 외식한다. 남은 식은 밥, 며칠 동안 냉장실에 보관한 후 먹는 경우가 많은데 잘못하면 변해 버리는 경우가 생긴다. 쌀밥 아니, 밥을 버린다는 것은 있을 수 없는 일, 우리 같은 나이의 인간에겐 어렸을 때, 일제 강점기 해방 직후부터 6·25 민족상잔을 겪으며 극심한 굶주림의 어려움을 경험하지 않았는가!

또 해마다 드는 가뭄, 풍수해 등으로 흉년이 들고, 농사지으나 수확량이 많지 않아 이른 봄부터 곤궁함을 겪어야 했다. 어렸을 때 쌀밥은 제사 지낼 때나 한 번 정도 먹어 볼까? 대부분 보리밥, 아니, 보리밥 먹는 집은 부자였다. 2, 3월 이른 봄 이미 보리는 떨어져 대부분 가정에서는 5, 6월 새 보리가 나올 때까지 묽은 풀죽을 써 배를 채우거나, 맹물 한 모금 먹고 끼니를 때울 때가 많았다.

요즘은 삼백육십오 일을 쌀밥을 먹고 산다. 남는 밥은 버리는 경우도 많다. 아들은 식은 밥 먹고 배탈이 났다고 끓여 먹기 마련이다. 가끔 밥이 남아도 버릴 수는 없다. 어떻게 해서든지 다시 끓여 먹거나 아니면 완전히 냉동 보관한다. 우리집 냉장고 냉동실에는 식은 밥 덩어리로 가득하다. 어렸을 때 그 못 먹고 못살던 시절, 쌀밥은 정말 귀한 생명줄이라 여겼던 어린 시절의 감정이 지금도 작동하고 있다. 밥 한 그릇 버린다는 것이 죄책감으로 느껴질 때가 많다.

최근 듣는 트로트 가수 진성이 부르는 '보릿고개'라는 노래가 너무나 마음에 슬프게 와닿는다. 듣고 있으면 어린 시절 춘궁기가 생각난다. 그때는 우리나라가 세계에서 가장 가난한 나라 중 하나였다. 허기진 배 물 모금으로, 풀뿌리, 소나무 속껍질로 달래기도 했다. 그래서 모두가 보내기 힘든 '보릿고개'라 하지 않았을까!

"아야! 뛰지 마라 배 꺼질라 / 가슴 시린 보릿고개 길 / 주린 배 잡고 물 한 바가지 배 채우시던 / 그 시절을 어찌 사셨소 / 초근목피의 그 시절 / 바람결에 지워져 갈 때 / 어머님 설움 잊고 살았던 / 한 많은 보릿고개여! / 풀피리 꺾어 불던 슬픈 곡조는 / 어머님의 한숨이었소"

이 노래를 가끔 따라 부르며 설움에 젖어 보곤 한다. 특히 어머니, 할머니들이 먹을 것이 부족한 시절 하루 삼시, 세 끼니를 보내기 위해 얼마나 애태우셨을까? 밥이 남아 쉬어 못 먹을 때마다 춘궁기가 생각나 송구한 마음 금치 못한다.

아내와 하루

오늘은 어느 조합의장 선거일. 나도 조합원이라 한 표 던지고 아내와 함께 항구 도시 아름다운 바다 풍경이 있는 목포로 향했다. 아내는 투표하러 나가는 나를 따라가겠다 하여 그러자고 하고 함께 집을 나와 투표장에 함께 갔다. 나는 곧 투표를 끝내고 나와 아내와 '광천동 터미널'로 가 목포행 버스표를 샀다. 최근 코로나 탓도 있었지만 나이가 들면서 바깥나들이를 거의 못 하고 있어 답답함도 느끼는 중이었다.

버스표는 이제 '자동 인출기'에서 뽑으면 된다. 곧바로 탈 수 있는 직통버스 표 두 장을 끊었다. 11시 반 차, 우리 부분 오랜만에 미처 생각도 하지 않은 외출을 했다. 아내도 오늘 외출을 흐뭇해했다. 난 항구 도시 '목포'에 가서 맛있는 음식도 먹고 해상케이블카도 타며 아내의 기분을 좀 맞추어 주고 싶었다. 오늘따라 날씨도 맑고 훈훈해 안성맞춤이었다.

목포 버스터미널에 이르니, 12시 반경, 근처 식당에 가서 점심을 간단히 먹고 택시를 타고, 목포 해상케이블카 타는 곳으로 향했다. 아내는 옛 목포 추억을 더듬으며 알고 있는 친구를 만나보고 싶다 했다. 그러나 오늘은 너무나 뜻밖의 방문이라 아내는 친구를 만날 시간이 없었다.

마침 '목포 해상케이블카'는 운행되고 있었다. 코로나19 유행으로 오랫동안 멈췄던 유흥 시설이다. 이 케이블카는 목포 유달산에서 건너 섬 고하도까지 가는 코스이다. 케이블카를 타고 내려다본 목포 시가지, 푸른 바다, 다도해 풍경은 마침 외국 땅에 온 느낌이었다.

아내와 함께 고하도 탑승장에 내려 잠깐 산책길에 올랐다. 가파른 계단 '150세 계단'은 누가 만들어 놓았을까? 오르다 쉬기 몇 번, 기어이 150세 계단 위까지 올랐다. 100세 시대 팔순은 초 늙은이라고 한다. 고하도에 온 지 얼마인가? 기억이 정말 까마득하다. 지근지처 같지만 올 기회가 없었다.

한참 고하도 해상 풍경에 취하며 걷다 탑승장으로 내려와 다시 케이블카에 올랐다. 왕복권을 샀기 때문에 가능했다. 다시 돌아간 하늘길, 푸르고 시원한 바다 위를 지날 때, 나 역시 한 마리 새가 된 기분이었다. 다시 유달산 정류장에 내려, 가까이서 산 풍경을 조망하니, 왜적이 여기까지 쳐들어왔을 때 이순신 장군께서 노적봉을 이용해 적의 간담을 놀라게 해 물리쳤던 일화가 떠오른다.

시간은 발길을 자꾸 재촉한다. 다시 케이블을 타고 가까이서 유달산 기슭과 시내를 마음껏 바라보았다. 아내는 다니던 학교, 친구들, 근무했던 학교가 그리운 모양이다.

마지막 우리가 탔던 택시의 기사님, 목포가 타관이라 설움도 많았으나 10년쯤 지나니 많이 적응해 즐겁게 살고 있다 한다. 거칠고 억

센 투박한 남도 양반들, 말투만 좀 그렇지 정이 많은 자라 했다.

　목포 뒤 바닷가에 있는 횟집에 들러, 맛있는 생선회 먹어 보려 했는데 못 하고 집으로 발길을 돌려 아쉬웠다. 대신 '꽃게 백반'으로 점심을 먹을 때, 아내의 감탄사, 역시 목포(남도) 음식은 우리나라 최고 음식 맛 같다고 하던 기억이 되살아난다.

5

백두산 천지여

중국은 이제

 9시 김포공항 출발 중국 상해 행 KAL 비행기를 타기 위하여 우리 일행은 아침 일찍 서둘렀다. 출국 수속을 받기 위해 적어도 1시간 전에는 공항에 도착해야 된다는 가이드 김의 말대로, '공항' 여관에서 일찍 기상하여 아침을 먹고 김포공항으로 향했다. 아침 날씨는 그지없이 맑고 좋았다. 단지 계속되는 가뭄으로 좀 후덥지근할 뿐이었다. 준비물로 가득한 배낭은 그 무게로, 여행객의 여정(旅情)을 부담스럽게 했다. 필요 이상의 옷가지며, 생활용품을 싸 가지고 가는 것 같았다. 가방에다 더 이상 물건을 채운다는 것은 좀 곤란할 것임이 틀림없다. 그러나 따져 보면 버릴 것이 없다.
 처음으로 중국을 대면하게 된다는 설렘은 묵중한 여행 가방이 문제가 안 되었다. 공항에 도착한 일행은 가이드가 하라는 대로 했다. 여권과 항공권을 나누어 받았다. 비행기를 타기 위해서는 통과해야 할 문이 많았다. 일일이 몸과 짐 꾸러미를 검색하는 곳이 있고, 또 여권과 항공권을 거사하는 곳도 있었다. 짐은 X-ray 투사기로 들여다보며 이상 유무를 확인했고, 몸뚱이는 일일이 만져 보았다. 문을 통과하면 기계 장치에 의하여 이상 물질을 알아내는 것 같았다.

별 어려움 없이 무사히 통과하여 대기실에 도착했다. 김포공항에서 비행기 타는 것도 난생처음이다. 중국 가는 것은 더욱 꿈만 같은 일이다. 요즈음 다행히 개방화 시대, 국제화 시대가 되어, 오랫동안 적성 국가였던 중공도 가 볼 수 있게 되었지만, 몇 년 전까지만 해도, 죽의 장막인 중공을 가 본다는 것은 불가능하게 여겼던 것이 아닌가?

이렇게 시대는 하루가 다르게 변하고 있다. 이제 나라마다 잠긴 문을 열고 오랜 잠에서 깨어나고 있다. 중국이 그중의 한 나라가 아닌가. 잠자는 사자라고 일컫는 중공, 이제 중화인민공화국으로 당당히 유엔의 한 회원국이며, 5대 상임이사국으로, 강대국으로 군림하고 있지 않은가.

중국은 그 크기를 말하면 우리나라의 약 44배, 인구도 11억이 넘어 세계에서도 땅으로 보나 인구로 보아 몇 번째 안 가는 큰 나라다. 우리나라와는 오랫동안 이웃 나라로서 문물 교류가 가장 빈번했고, 또 우리나라 역시 중국 문화의 영향을 많이 받아왔으며, 때론 침략의 나라로 때론 구원의 나라로 대하여 오지 않았던가.

큰 강 황하가 있고, 양자강이 있고, 세계적으로 손꼽히는 만리장성이 있고, 몇 시간을 차로 달려도 산이 보이지 않는다는 대륙의 나라 중국. 이제 드디어 천운으로 아니, 나라의 덕으로 중국 땅에 들어가 그 땅을 보게 되었으니 감회가 깊지 않을 수 없었다. 말로만 들었던 중국, 그 형상을 머릿속에 그려보는데 드디어, 중국 상해행 KAL 비행기는 이륙한다.

500여 명 남짓이 탄 비행기는 거대한 집채가 떠가는 것이었고, 한 학교가 움직이는 것 같았다. 우선 이런 커다란 물체를 공중에 떠올릴 수 있고, 그것도 사람이 타고 마음대로 옮겨 다닐 수 있다는 것을 생각할 때, 우선 거대한 땅 중국을 대하기 전에 인간 자신의 위대함에 놀랐다. 인간은 역시 무궁무진한 존재인 것이다. 인간이 없는 세상은 무슨 의미가 있겠는가.

거대한 물체가 공중으로 떠올랐다. 마치 이동 대합실에 앉아 있는 기분이다. 이륙하는 동안 바깥을 내다보았다. 위에서 내려다본 땅은 정말 복잡했다.

실같이 얽히고설킨 도로망, 푸른 들, 옹기종기 모인 집들. 아래로는 구름밖에 보이지 않는다. 모두가 조용하다. 그저 허허로운 공간만을 바라보며, 운명을 누구에게 맡긴 듯 자기 바리를 지키고 있을 뿐이었다. 인간이 만든 거대한 물체를 타고 가는 데에 무슨 의심이 있겠는가. 버스보다도 배보다도 더 안전하다는 비행기, 그러나 아스라이 지상을 내려다볼 때는 간담이 서늘했다.

30여 분 흘렀을까 제비같이 날렵하고 예쁜 아가씨들이 도시락을 돌렸다. 수많은 경쟁자를 뚫고 뽑힌 엘리트 아가씨가 아닌가 싶었다. 기내에서 제공하는 음식은 별미였다. 이야기의 꽃을 피우기도 하고 명상에 잠기기도 하는 가운데 안전벨트를 단단히 매세요, 하는 안내방송을 들으니. 이제 착륙이 임박했구나 싶었다. 바깥을 내다보니 드디어 그 넓고 넓다는 중국 대륙이 보였다.

일어서는 상해

비행기는 11시경에 상해 공항에 무사히 안착했다. 번거로운 입국 수속을 마친 우리 일행은 버스를 타고 시내로 진입했다.

중국 내 주 가이드로 한국 교포(조선족 연변 출신)인 김성수라는 젊은이가 관광버스에 올랐다. 그리고 상해 로컬 가이드로는 역시 교포 출신이고 대학원 재학 중인 이용진이라는 젊은이가 동행했다. 아르바이트로 로컬 가이드 노릇을 한다는 것이다.

나중에 알고 보니, 머리도 좋고, 또 열심히 뛰는 장래가 비교적 촉망되는 교포 젊은이들이었다.

둘 다 유창한 한국말을 구사했다. 우리 동포이니 당연히 그러려니 하는 생각도 들지만, 교포 2세 3세들 가운데는 모국어를 잊고 사는 이가 많다는 사실을 생각할 때, 이 두 젊은이는 그 말과 행동에서 뜨거운 조국애, 민족애를 느끼게 해주어 마음 든든했다. 조선족은 소수 민족 가운데 인정받는 민족이라는 제법 자부심 어린 말을 하기도 해, 새삼 동족애를 느끼게 했다.

버스가 출발하자마자 로컬 가이드 김은 아주 친절하고 자상하게 상해의 관광 명소에 대해서 설명을 했다.

상해는 끝없이 넓은 평야에 자리 잡고 있었다. 사방을 둘러보아도 산이라고는 보이지 않았다. 밖으로 보이는 상해시는 가이드가 강조 안 해도 알 수 있을 정도로 거리가 복잡했다. 상해는 중국의 다른 어느 도시보다 자동차가 많다고 하는 말 그대로였다. 거리에는 여러 종류의 차량이, 정말 교통질서가 있는지 없는지 의심할 정도로 번거롭게 달리고 있었다. 버스 두 대가 이어진 것 같은 크기의 전차가 달리는가 하면, 택시, 화물차, 그 물결 속에 수많은 자전거 행렬이 범벅이 되어 달리고 있었다. 큰 도로에는 자전거 전용 도로가 있었다. 중국의 어느 도시에서고 가장 인상적으로 눈에 띄는 모습은, 그 수많은 자전거 행렬이었다.

가이드는 중국 사람들은 자전거를 많이 탄다고 했다. 자전거는 한 집에 몇 대가 있고 가장 중요한 생활필수품이라고 했다. 중국 사람들이 결코 가난해서가 아니라 우선 자전거가 편리해서라는 것이다. 여기 중국 땅은 언덕이 없다. 자전거만 타면 어디고 쉽게 갔다 올 수 있다. 중국 사람은 앞으로 아무리 잘 살게 되어도 자전거는 탈 것이라고 했다. 큰 건물 주변에 즐비하게 서 있는 그 수많은 자전거 행렬! 중국의 그 희귀한 풍물 가운에 이 자전거 행렬을 들지 않을 수 없을 것 같았다.

가이드 말은 청산유수였다. 상해(上海)는 '바다로 간다.'는 뜻이라고 한다. 춘추시대 7개의 큰 나라 중 초나라에 속했다고 한다. 송나라 때는 '호'라고 해서 지금도 상해에서 북경 가는 열차를 '효경 열차'라고 했다.

현재 상해시는 3특구시(북경, 천진, 상해) 중 하나라고 한다. 양자강 하구에 위치한 이 시는 육천삼백사십 평방미터, 인구는 천삼백만인 중국 제일의 도시이다. 일찍이 서구 문화가 들어온 개방의 도시이기도 하며, 상공업이 발달된 도시이다.

1842년 영국과의 아편전쟁에서 패한 청조가 남경 조약에 의거 하문(廈門), 영파(寧波) 등과 함께 통상 항구로서 개항하였고, 그 후 서구 각국(미·불·영)이 조계(외국인 거류지)를 설치하면서 세계 역사의 무대로 등장하였다. 현재의 상해는 중공업이 발달한 대공업 도시이고, 황포강(黃浦江)에 의한 수로 운하와에 각지와 항공로 및 철도로 연결되는 교통의 요충지이다.

가이드의 설명은 자상하기 이를 데 없지만, 다 알아들을 수도 없었으며, 또 중국의 역사나 문화에 대한 문외한으로, 그 자세한 설명을 정확히 받아 적을 수 없어 안타까울 뿐이었다. 하나 대충, 들은 대로 적어 보려고 애를 썼다.

상해는 일찍이 상업과 공업이 발달한 도시이지만 GNP 1/6을 매년 정부에 헌납해 왔기 때문에 시 자체 발전을 기하지 못해, 다른 시보다 발전이 늦고, 도시가 정비되지 못한 채 낙후를 면치 못한 실정이라고 한다. 그러나 최근 개방의 물결 따라 외국 기업과의 합작 바람이 불어 지금은 홍교, 포동 지역이 신개발 구역으로 활발하게 추진되고 있다고 한다.

신화로 거리의 자전거 물결, 그러나 큰 차들과 스스럼없이 의좋게 사고 없이 다니고 있었다. 자전거가 전차 앞을 지나가면 큰 전차가 아무 말 없이 일시 정지를 하고, 그 자전거가 다 지나가기를 기다렸다가 다시 움직인다. 행인들도 그 차량 틈바구니를 비집고 잘도 지

나간다. 그러나 교통사고는 거의 일어나지 않는다고 한다.

　교통대 앞을 지나갔다. 현 당 총서기 강택민도 이 대학 출신이라고 하며, 입시 경쟁이 센 대학이라 했다. 초등학교는 2904개소에 있고, 한때는 중고교를 중학교라 호칭하다가 지금은 중학과 고등학교로 분리 운영한다고 한다. 교육은 12년간이 의무교육인데, 초등 6년, 중학 3년, 고교 3년이며, 시외 지역은 초, 중만 의무교육이고, 고등학교는 전형을 거쳐서 들어간다고 한다. 일반 대학은 4년이며 이과대는 6년 과정으로 되어 있다. 제1의과대학, 제2중의대학으로 의대는 구분되어 있다고 했다.

　상해시는 중국 역사상 제일 큰 전쟁이라 할 수 있는 회회 전쟁이 벌어진 곳이며, 이때 등소평이 장개석을 패퇴시키고 최고 지도자가 되는 계기가 되었다고 한다.

　차는 우리나라 임시정부 청사에 이르렀다. 임시정부 청사라고 해 보았자 큰 건물이 아니고, 상가 2층으로 된 조그마한 집채였다. 오랫동안 잊혀 오다가 최근에 한국에서 오는 관광객 유치를 위해서 접대실 하나를 마련해 놓고, 손님을 맞이하고 있었다. 150여m 되는 크기로 일찍이 김구 등 애국지사들이 집무실로 사용했던 곳이며, 이동령, 김책 등과는 늘 만났고, 윤봉길 의사에게 홍구공원 거사를 지시한 곳이 바로 이곳이라 했다. 지금은 4명이 사무를 보며, 손님을 접대하며 안내와 간단한 기념품을 증정하기도 했다. 멀지 않은 날, 이곳을 다시 개장하여 옛날의 모습으로 복귀시킬 계획이라 한다. 이곳 주소는 상해시 馬當路 306푸 4號, 參觀接待室이라는 간판이 붙어 있었다. 바로 이곳 옆 골목으로 들어가니 노후하여 철폐된 문이 나타나는데, 여기가 김구 선생님이 기거했던 곳이라고 해서 기념 촬영을 했다.

　다시 차는 출발했다. 상해의 주택가는 거무데데하고 추레하기 이를 데 없었다.

　낡고 퇴색해서 금방 귀신이라도 나타날 것 같았다. 건물 보수를 전혀 하지 않은 것 같았다. 자기 집이 아니고, 국가로부터 임대하여 사는 집이니 무슨 애착이 있겠는가. 아마도 아편전쟁 뒤 외국인들이 들어와 살면서 지은 그 건물이 지금까지도 한 번도 손보지 않은 채 존속해 오고 있을 뿐이다. 집집마다 빨래를 밖으로 내건 모습은 추함을 더해 주었다. 실내에서는 습기가 많아 건조가 잘 안 되기 때문이라고 안내자는 말했으나, 도시의 미관을 해치는 것만은 틀림없었다. 이제 새로 짓고 있는 건축물들이 곳곳에서 볼 수 있었으나, 대발을 엮어 부대시설로 이용하고 있는걸 보니, 우리나라 60년대 건축공법이 그렇지 않았는가 싶었다.

　자전거를 타고 오가는 거리의 시민, 큰길 좌우 골목마다 굼실거리는 군중들은 무표정하기 이를 데 없고, 어두운 편이며, 복장 또한 우중충하여 우리나라 60년대의 모습을 느끼게 했다. 그들의 움직임은 마치 먹이를 찾기 위해서 헤매는 모습 같았다.

(광주수필 1993/통권 26)

북경은 지금

오늘은 이곳을 떠나 북경으로 가게 되어 있다. 연길시 조선족이 경영하는 연하식당에서 마지막 아침 식사를 했다.

7시 30분 북경행 비행기를 타기 위해 6시 5분경에는 공항으로 향했다.

"전민은 일어나 위생의 건설에 공헌하자."
(全民動圓起創建國生城市做出貢獻)

笑迎天下客
滿意存延邊

대합실

수화물 수송처(力理行李手績)
탑승수송처(九理乘机手績)
비행기표 주기 판매처(机物票)

안내처(河間處)

려행구매기념표상점
명인그림, 보석, 진주, 옥마호, 비추, 문화용품, 비단수놓이, 탁상보 등
기타 공예품
등이 있다는 선전 광고

연길을 뜬 비행기는 9시에 심양 비행장에 내렸다. 약 50여 명밖에 못 태우는 소형 비행기라 중간에서 주유를 해야 하는 모양이다. 9시 30분경에 다시 출발하여 북경을 향했다. 중국 동부 만주 땅은 산악과 구릉지가 많아 기체에서 내려다보니 푸른 산만 보였다.

비행기는 11시 30분경, 조용히 북경 비행장에 기체를 내렸다. 북경의 하늘도 우리나라와 별반 다름이 없었다. 맑았다.

북경 비행장은 한창 공사 중이었다. 비행장 한쪽에는 대형 붉은 깃발이 나부끼고 있었다. 별 무리 없이 공항 출구를 나오니, 또 버스가 대기하고 있다. 공항광장 주변에 우리나라 선경, 현대의 대형 광고가 있었다. 발전 한국의 긍지를 느끼게 하는 상징물이 아닌가! 아시아의 한 마리 용으로 비상하는 우리나라가 대륙 중국에 바야흐로 진출하고 있음이 자랑스러웠다.

베이징(北京)은 화북 평원 북쪽 끝부분에 위치하고 있으며, 중국의 수도로서 면적은 16,800평방미터이다. 전국시대 연(燕)나라 도읍지였다. 1420년 명나라의 수도로 정해지고 북경이라 명명된 이후 명왕조 280년, 청왕조 270년의 왕도로서 전 중국에 군림했다.

1911년 신해혁명에 성공한 손문(孫文)이 남경을 중화민국의 수도로 정했다. 그러나 원세계(袁世凱) 등의 북양군벌은 북경에 주둔하고 있

었으므로 북경이 사실상 수도였다. 1928년부터 20년간 장개석(蔣介石)은 남경을 수도로 정하고 북경을 구 명칭인 북평(北平)으로 불렀을 때도 열강들은 여전히 북경에 공사관을 존속시켰기 때문에 수도로서 격식을 잃지 않았다.

1949년 10월 1일 모택동(毛澤東) 중국 공산당 주석이 천안문(天安門) 위에 오성홍기(五星紅旗)를 게양하고 '중화인민공화국'의 성립을 선언한 때부터 북경은 다시 중국의 수도가 되었다. 북경은 인구가 약 천만 명쯤 되는 도시로 중국의 정치, 경제의 중심지이다.

위도상으로는 평양보다 위에 있으나, 기후는 우리나라 서울과 비슷하다고 한다. 춘하추동이 뚜렷하고 7~8월이 우기이고, 9~10월은 좋은 계절이나 황사현상이 나타나기 때문에 흐릿한 기분이 드는 때도 많다 한다. 여기 기후를 말하는 천고마비(天高馬肥), 춘고기상(春高氣像)은 우리나라에서도 들을 수 있는 말이다.

주민은 외지에서 이거해 온 사람이 대부분으로 토박이 원주민은 얼마 안 된다고 한다. 지리적으로는 역시 평평하여 큰 강이 없는데, 수나라 때 양제는 황주 북경 간 인공 운하를 파, 운수 수로로 삼았다.

정치 이야기를 하려면 북경으로 가고, 돈 버는 이야기를 하려면 상해로 가라는 말이 있다고 할 정도로 북경은 정치 1번지이기도 하다. 또한 동방견문록의 마르코 폴로가 '아름다움은 필설로 이룰 수가 없다.'고 경탄한 도시가 바로 이 대도시이다. '千年王城'이라 불리는 것처럼 북경은 천안문 광장, 자금성, 만리장성, 명릉 등 관광명소가 많다고 한다.

차창 밖으로 소나무, 버드나무가 많이 보인다. 현재 만 오천 명 정도의 우리 교포가 북경에 살고 있는데, 소수 민족 가운데 우수한

민족으로 평가 받고 있으며, 교육열도 강하여 매년 70~100명 정도가 북경대학에 입학하고 있다고 한다. 교포 깡패 조직도 있어, 더욱 타민족이 함부로 대하지 못하고 있다 한다.

북경 거리에 달리는 차의 약 60%가 일산이라고 한다. 한국 차는 500대쯤 될 거라고 교포 가이드가 말하는데, 일본은 중국 대륙 어디에고 침투한 지 오래인 것 같다. 비록 주은래가 일본과 수교를 텄으나, 결코 배상금(6백억 불)은 받지 않아서 중국인의 자존심은 오늘도 높이 외치고 있으나, 중국 근대화의 밑바탕에 일본의 손길이 스며들지 않은 곳이 없는 것 같아 역시 중국은 자존심을 어디에 두고 있는지 짐작할 수 있었다.

우리를 실은 차는 어느새, 우리들이 점심을 먹을 '燕翔飯店'에 이르렀다. 식당에 들어서자마자, 그 특유의 향내에 얼굴을 찡그리지 않을 수 없었다. 식당 계단에 오르니, 천사같이 아리따운 소복을 하고 아리랑을 비파로 연주하는 세 아가씨가 눈길을 끌었다. 상술치고는 너무나 고상한 모습이란 생각이 들었다.

점심은 냉면으로 했다. 내 생애 두 번 없을 큰 대접이 아닌가. 오후에는 북경의 명물 천안문 광장과 자금성을 구경하기로 되어 있다.

한국 사람처럼 식사 시간이 빠르랴. 출발 약속 시간에 한 사람도 늦은 적이 없다. 언제나 제시간보다 앞서 승차해 있다. 가이드의 말은 시간 약속 잘 지켜 좋다고 한다. 일행이 25명이나 되는데 만일 이 중에 한 사람이라도 삐딱한 사람이 있어, 자꾸 늦고 처진다면, 여행 일정도 약속대로 이행되지 못할 수도 있을 것이다. 그런데 한 사람의 병약자도, 이탈자도, 낙오자도 없다. 모두가 건강한 몸으로 잘 다닌다.

중국의 음식은 잘 맞지도 않지만, 오랜만에 먹어보는 별미처럼 잘 들 먹는다. 역시 음식은 중국 음식이다. 다양하고 맛깔스럽다. 중국 음식은 나중에 더 맛있는 고급 요리가 나온 것 같다. 그런데 우리 한국 사람은 처음 나온 음식부터 재빠르게 먹어 치우니, 진짜 맛있는 나중 나온 음식은 못 먹는다. 중국 음식 먹는 풍속을 모르는 탓도 있으리라. 중국 음식은 우리 음식과는 달리 짜거나 맵지 않다. 기름에 튀긴 것이 많다. 무, 배추, 김치는 거의 볼 수 없다. 어쩌다 우리 교포가 경영하는 식당에서나 볼 수 있을 것이다.

무더운 여름 하늘은 우리나라 여름과 별반 다를 바 없다. 따가운 태양이 마냥 내리비치고 있다. 여기서는 생수를 함부로 마시지 말라 한다. 우리나라에서는 산천 어느 골짜기 물이고 떠 마셔도 뱃병이 없다. 물론 요즘은 많이 오염되어 있어, 약수도 조심해야 하지만, 중국은 예부터 생수를 먹지 않은 것 같다. 반드시 끓여 먹거나, 차로 만들어 먹었다. 중국 사람들은 차를 애용하는 민족이었다.

마시는 차는 종류도 다양했지만 냄새가 역겨운 재스민차를 즐겨 마셨다. 어렸을 때부터 너무 마셨기 때문에 이빨마저 까맣게 된 사람이 많았다.

넓고 평평한 땅, 어디서든지 맑은 물이 솟아날 것 같지 않다. 물은 흘러야 썩지 않는다고 하는데, 끝없는 평야뿐인 대륙, 어찌 맑은 물이 흐를 수 있겠는가.

그러나 이것은 중국의 극히 일부분에만 해당하는 사실이리라. 넓고 넓은 중국 대륙, 가 보지 않은 곳이 많은데 극히 몇 군데 보고, 어찌 중국의 전부를 본 것처럼 말할 수 있겠는가.

(광주수필, 1996, 통권 29)

만주 땅에

비행기는 세계를 이웃처럼 만들었다. 어제 우리는 비행기를 타고, 상해를 떠나 이웃집 오듯이 만주 땅 심양에 도착했다. 백두산을 찾기 위한 첫 기착지 심양, 오늘의 관광은 심양 시내 명소이다. 金城大酒店에서 하룻밤을 묵은 우리 일행은 아침 7시 30분에 아침 식사를 하기로 되었다. 시내 관광을 마치면 내일의 백두산 등정을 위하여 연길로 떠나야 한다.

나와 동숙 교사 이삼호 선생은 아침 5시경에 일어나 근처 시내 구경을 하기로 했다. 호텔 고층에서 내려다보는 시가지는 여느 시내나 별 차이가 없었지만, 호텔 옆에 있는 야시장 풍경이 핵심을 끌었다. 아침 식사하기 전에 시장 구경을 마치기로 했다. 시장은 새벽 동이 트기 전부터 북적거리기 시작했다. 우리나라 5일 장과 같은 이 야시장은 새벽 3시경에 문이 열려 아침 11시경에 끝난다고 한다. 얼른 시장을 보고 낮에는 각각 직장으로 나가야 하기 때문이다.

시장에 오는 사람들은 대부분 자전거를 타고 왔다. 자전거에는 상당한 짐을 실었다. 리어카식 자전거가 많다. 희한하게도 화물을 실은 부분을 앞으로 하고도 잘도 몰고 다녔다. 택시, 화물 자동차도 꽤 지나가고 있다. 도로는 차선이 분명하지 않지만 별 무리 없이 잘 다녔다.

심양의 옛 이름은 봉천(奉天)이란다. 심양 역시 넓은 들판에 위치하고 있었다. 멀리 산이 아스라이 보인다. 중국에서는 4번째로 큰 도시요, 2천 년 이상의 오랜 고도다. 일찍이 후성, 심주, 심수라 불려오다가 청나라 때 누르하치가 성경이라 칭하고 수도로 정한 곳이기도 하다. 그 후 봉천이라 부르다 1945년에 다시 심양이라 개칭하여 오늘에 이르고 있다. 지금은 기계 제작, 중공업 도시로 자리 잡고 있기도 하다.

이곳에는 우리 조선족이 10만 명 이상이나 살고 있으며, 주로 석탑가란 곳에 2천 호가 깃들였는데 3만 명 정도가 살고 있으며, 음식점 백화점을 경영하며, 그런대로 잘살고 있다 한다. 특히 조선족이 경영하는 음식점이 유명하다고 했다. 조선족은 교육열이 강하며, 다른 사람들보다 학교에도 먼저 보내고, 북경 등 유명 대학에도 다수 보내고 있다고 로컬 가이드는 자랑을 했다.

고등학교는 제1 고등학교에서 제6 고등학교까지 있고, 중학교 소학교는 다 의무교육이라 했다.

중국에 사는 조선족은 다른 민족에 비해 부지런하며, 총명한 사람으로 인정받고 있었다. 부모에 대한 효심이 강하고, 조상에 대한 제사를 중히 여기고 있으며, 민족어 보존에도 힘을 기울였다. 물론 중국어도 함께 사용한다고 한다.

날씨는 1월에는 영하 30℃까지 내려가고 7월에는 최고 36℃까지 올라간다 한다. 오늘의 온도는 30℃까지 올라갔다. 우리나라의 7월 보통 날씨와 다를 바 없었다. 어제는 34℃까지 올라간 무더운 날씨였다. 이곳은 밤낮 7, 8℃의 일교차가 생긴다고 한다. 그래서 그런지 밤 기온은 초가을 날씨다.

주 농산물은 옥수수이지만, 주식은 우리나라와 똑같이 쌀이었다. 농토의 사유화는 인정 안 되나, 경영권이 있으며, 개인은 농사도 짓고 장사하며 사는 사람도 많다고 한다. 결혼을 하면 단칸 아파트에 살다가 애가 한 명 생겨 12세가 되면 두 칸짜리를 가질 수 있고, 방세는 월세로 지불해야 한다.

중국 기행 나흘째 되는 날이다. 한국의 남아로 태어나서 백두산을 한번 보면 죽어도 원이 없다는 말이 나올 법하다. 백두산, 즉 민족의 명산, 이름만 들어도 가슴이 설레고 힘이 솟는 산, 과연 내 생전에 가 볼 수가 있을까, 남북통일이 되기 전에는 불가능할 것이라는 막연한 체념 속에 살아오지 않았던가. 그러나 오늘 꿈에 그리던 백두산 영봉을 오르게 되다니.

교사 해외 연수단 일원으로 중국 대륙에 발을 디딘 지 나흘째 되는 날, 아침 일찍 연길시 우리 조선족이 경영하는 '연하' 식당에서 아침을 들고 곧 중국 연길시 관광공사 버스를 타고, 먼지가 풀풀 날리는 백두산행 비포장도로를 달렸다. 아스팔트 포장은 안 된 길이지만, 아스팔트 이상으로 반반하였다. 파인 곳이라곤 없었다. 중국 사람은 어떻게 길을 관리하는지, 알다가도 모를 일이다. 신기할 뿐이다.

만주 땅의 7월은 한반도의 더위와 똑같이 열기가 몸을 달구었다. 차창 밖으로 보이는 광활한 만주 산천은 벼, 옥수수, 콩 등이 자라는 우리 고향 산천과 별다름이 없었다. 가도 가도 편편한 들판만 보이던 중국 본토와는 달랐다. 기상에서 내려다보던 중국 대륙, 의외로 잘 정리된 농토, 취락, 붉은 황토는 서해의 푸른 물을 흐리게 했다던가.

이제는 사방이 숲으로 우거진 산속 길을 달려, 그 광활함은 잠시 잊었지만, 가도 가도 완만한 그 백두산(중국 사람들은 장백산이라 한다) 등정 길은 나의 기대를 여지없이 무너뜨리지 않는가. 기암괴석이 나타나고, 길고 험한 계곡 하나쯤은 나타나리라 여겼는데, 기암은 고사하고 바위 하나 보이지 않는 그저 소나무가 쭉쭉 자란 모습만이 우릴 맞이할 뿐이었다.

단조로운 숲속 길에 싫증이 나서인지, 이제까지 눈여겨보아온 중국의 모습이 새삼 떠오른다. 사람이 사는 곳은 크게 다를 바 없다는 생각을 버릴 수가 없지만 말이다.

먹고살기 위하여 분주히 움직이는 중국 사람들, 거리엔 전차와 승용차들이 줄을 잇는다. 그 속에 자전거 탄 사람들이 무리 지어 사이클 선수들처럼 열심히 페달을 밟고 있다. 막힘없이 흘러가는 모습, 가다가 잠깐 서기도 하지만 장시간 지체란 없다. 단지 소나기가 와도 천천히 간다는 느긋한 그 모습이었다. 빨리 안 간다고 고성을 높이거나 욕설을 하는 사람은 전혀 볼 수 없었다.

드디어 백두산에

　오랫동안 잠자는 사자로만 군림해 온 중국은 이제 죽의 장막이라는 두꺼운 벽을 허물고 굳게 닫힌 대문을 활짝 열어 놓은 기분이다. 공항마다에 들끓는 관광객, 눈이 시퍼렇고 코가 우뚝하며 덩치가 큰 서양 사람들, 수천 년 중국의 옛 냄새가 고여 있는 그 우람하다 못해 섬세한 옛 유적지에서 또 마주치곤 한다.
　중국 사람들의 체구는 생각 외로 별로 크지 않았으나, 그들이 해 놓은 일은 엄청났다. 인간의 힘으로 하기 어려운 일들을 해 놓은 거대하고 웅장함!
　하지만 만주로 접어들면서부터는 옛 고향에 온 것 같은 착각에 빠졌다. 높고 낮은 산천 말고도 사람들이 그랬다. 특히 연길에 들어서니 여기는 완전히 우리나라 어느 한 지역에 온 것 같은 느낌이 들었다. 한글로 쓰인 간판, 한국의 말소리가 여기저기서 들렸다. 더욱 마주치는 사람들이 바로 이웃집에 사는 우리 아저씨 아주머니가 아닌가. 여기가 조선족 자치주 곧 우리 동포가 사는 곳이다. 옛날 일제 강점기 때 고향 땅을 등지고 떠난 우리 이웃분들이다. 더욱 우리 동포가 경영하는 식당에서 밥을 먹으니 고향에 온 기분이었다.

백두산을 가는 길은 어디로 가는 것인가. 한반도에서 가장 높고 험한 산으로 알려진 우리 민족의 산, 나에겐 그저 미지의 산이다. 낯설고 물설은 타관 땅을 막연히 물어 다닐 수도 없다. 오직 스루 가이드가 아니면 한 치 앞도 갈 수 없을 정도다. 다행히 조선족 출신 김ㅇㅇ라는 젊은이가 잘 안내해 주어서 마음 놓고 따라 다니지만 백두산 등정은 아득하기만 했다.

계속 차는 달렸다. 점점 더 백두산 품 안으로 들어가는 것 같았다. 숲속 길을 따라간다. 숲만 보고 산은 볼 수 없다. 가도 가도 완만한 숲속 길일뿐. 그 우람한 산의 자태는 나타나지 않는다.

한참 가노라니 길가로 군데군데 산마을이 평화롭게 보인다. 용정시를 지날 때는 어쩐지 친근한 감이 들었다. 자주 들어본 고을 이름이어서일까? 교과서에서도 나온 것 같다. 일제 시 만주에서 유랑하던 우리 민족이 정착하여 가장 많이 모여 산 곳이란다. 독립 운동가들, 고향을 버리고 온 우리 민족은 학교를 세우고, 민족혼의 교육을 시켜 수많은 애국지사가 나왔고, 인재가 배출되었다. 애국의 도시였다.

용정시의 어느 사업소 내의 식당에서 점심을 먹은 후 다시 차를 타고 달려, 우리가 오늘 밤 머물 이도백하 미인송 여관인가, 아니 미인송을 상징하기 위하여 아리따운 여인상을 모셔 놓은 것이다. 이곳에는 미인송이라는 소나무가 서식하고 있었다. 보통 소나무와는 달리 미인같이 살결이 곱고 흰 소나무였다.

미인송 여관에 무거운 짐 보따리를 내린 후 차를 타고 계속 백두산 등반길에 올랐다. 한참 후에 드디어 장백산(백두산) 입구가 나타났다. 중공군 제복을 입은 군인이 삼엄하게 보초를 서고 있었다. 입장료도 받았다.

백두산 천지여!

　중국 보초병은 특별한 몸 검색을 하지 않고 입구를 통과시켰으나 백두산 천지 동영상 촬영은 절대 금지라고 하며, 이 카메라는 안내소에 보관해 놓고 가도록 했다. 꿈에 그리던 백두산, 그리고 그 천지(天地)를 어찌 보고만 오겠는가. 천지에 올라서 환호하는 모습을 생생하게 담아보려는 우리 일행의 기대는 무너졌지만 스냅 사진은 촬영하도록 했기에, 그 정도라도 가능하다니 다행으로 여겼다.
　우리는 지금 분명 우리 산 백두산을 간다고 생각했지만 사실은 우리 산이 아니었다. 출입하는 데도 허가를 받고 사진 촬영도 자유롭게 못하는 것이 아닌가.
　가도 가도 완만한 산길, 높고 험하리라던 산세는 조금도 그 기미를 보이지 않는다. 중국 땅으로 돌고 돌아, 단 하루나 이틀이면 올 수 있는 길을 며칠 걸려서 왔는가 싶으니 가슴 한구석이 무겁기도 했다.
　산속 마을, 이도백하를 지나면서부터, 산은 그 울창한 소나무 숲을 마음껏 내보였다. 중국 사람들은 이 소나무를 지금도 조금씩 베어 기차나 큰 트럭으로 실어 나르고 있었다. 중국은 아직도 미개발의 원시 그대로의 광활한 땅을 간직하고 있는 것 같았다.

울창한 솔숲 냄새에 나도 모르게 스르르 잠이 들려는 찰나, 정신이 번뜩 뜨이게 하는 모습이 나타난다. 장엄한 구릉이 드디어 나타난 것이다. 눈을 뜨니 높은 산봉우리가 보이고, 그 산봉 밑으로 희끗희끗한 것이 보인다. 그것이 바로 천년설이라 한다. 더운 7월에도 녹지 않고 남아 있으니, 저 흰 눈 때문에 멀리서 보면, 봉우리가 희어 백두산이라 부르게 된 것이 아닌가. 정신없이 오고 보니, 천지 폭포 근처까지 왔다.

그런데 이게 웬일인가. 차창 밖은 갑자기 흐려지고 빗발이 들리기 시작했다. 가이드는 백두산 등반은 6월~9월까지만 가능한데, 천지의 제 모습을 볼 수 있는 사람은 연중 3, 40%에 불과하다고 한다. 그것도 재수 좋은 사람만 볼 수 있는데, 일행 중 적어도 반 이상이 마음씨 좋은 사람이어야 50% 정도 볼 수 있고, 반 이하가 마음씨가 나쁘면 거의 못 보고 돌아가야 한다는 농담 반 진담 반의 귀띔은 그럴 듯했다. 그런데 오늘 우리 일행이 백두산 영봉의 천지를 볼 수 없다면, 우리 일행 대부분이 부덕한 인간들이란 말인가. 학수고대로 찾아온 마지막 순간에 백두산 천지를 못 보고 돌아갈세라 매우 안타까워했다.

여차하면 천지의 제 모습을 볼 수 없을 것 같다는 가이드 말에 실망감을 금치 못했다. 산중의 기후는 알 수가 없다. 금방 좋았다 나빠지는 것이 산이다. 백두산 정상도 마찬가지였다. 바로 직전까지도 구름 한 점 없던 봉우리가 안개로 가득하여 제 모습을 감춘다고 한다.

오늘 우리들에게 천지가 제 모습을 감춘다면, 우린 여기 온 보람이 없게 되는 것이다. 못 보고 가는 것도 어찌 하늘의 뜻이 아니겠는가 하면서도 결코 실망하지 않았다. 하늘이 우릴 저버릴 것 같지 않았다. 무엇 때문에, 우릴 저버린단 말인가. 내 산이요, 우리 민족의 산인데.

차가 마지막 행보를 다하고 문을 열려는데 빗방울이 후드득후드득 떨어지고, 하늘은 구름이 덮기 시작했다. 미리 우비나 우산을 준비하는 것이 좋다더니, 과연 옳은 말이었다.

이미 우비를 걸친 사람, 우산을 든 사람이 보인다. 나도 가볍게 우산을 빼 들고 차 밖으로 나섰다. 천지 폭포 밑 산장이 있는 곳까지 와 있는 것이다. 여기서 오른쪽으로 개울 따라 걸어가면 바로 천지 폭포가 나오고, 왼쪽으로 올라가면 백두산 영봉이다. 그런데, 여기서 지프차를 타고 백두산 봉우리 바로 밑까지 갈 수 있다니, 백두산은 태고의 신비를 안고 고요히 잠자고 있는 용이 아니라, 인간의 발길에 생채기가 난 채 통곡하는 용이었다.

우산을 받쳐 들고 먼저 천지 폭포(중국 사람은 장백폭포라 함)를 구경하려 나섰다. 길 오른쪽으로는 산장 여관이 보이고 여러 건물이 있다. 사람 사는 흔적이 뚜렷하다. 이미 이곳도 개발이 되어, 아스팔트 길을 놓고, 여관을 지어 놓은 것이다.

조금만 걸어가면 천지 폭포를 볼 수 있다 한다. 궂은비가 내리나 우리의 발길을 멈추게 할 수는 없었다. 가는 도중에도 우리는 사진을 찍곤 했다. 드디어 좀 멀리 천지 폭포의 전경이 확연히 눈에 들어온다. 우람한 산 구릉 중턱에서 떨어지는 폭포 물은 하얀 베 폭을 걸어 놓은 것 같았다. 그리고 그 폭포 물은 큰 내가 되어 힘차게 흘러 내렸다. 물 양도 많다. 맑기가 이를 데 없었다. 물색은 짙은 남빛 그대로였다. 한 조가 된 이ㅇㅇ 선생과 나는 교대로 이 천지 폭포 배경을 넣고 수없이 사진을 찍었다. 한번 되돌아가면 영원히 다시 오기 어려운 이 발길이 아닌가!

　폭포에 금방 다가갈 것 같아도 좀처럼 접근되지 않는다. 한참 숨 찬 걸음으로 가는데, 또 나타나는 기현상, 때 아닌 흰 증기가 무럭무럭 일어 나오니 그게 바로 또 천지 노천 온천수가 아닌가. 길가까지 넘쳐흐르는 그 온천수에 손가락을 넣으니 뜨겁기가 이를 데 없었다. 날계란도 익는다니 그 온도가 가히 짐작할 수 있지 않은가. 이 뜨거운 온천수는 그 차가운 천지 폭포 물과 함께 어우러져 흘러내려 간다. 시간이 없어 아쉽게도 천지 폭포 바로 밑까지는 못 가고, 약 200m 떨어진 전방에서 연방 사진만을 찍고, 천지 물을 몇 모금 마시며 이 순간을 영원히 간직하고 싶어 했으나, 시간은 우리를 허락하지 않았다. 마음 같아서는 그 폭포 물에 풍덩 뛰어들고 싶었지만 여정이 바빴다.

　아쉬운 눈길을 뒤로하며 다시 차가 주차해 있는 곳으로 내려가니 기대 난망이던 백두산 천지를 구경할 수 있다고 정상 행 지프차를 타라 한다. 백두산은 험하고 가팔라 기고 걸어서 올라갈 줄 알았더니, 이게 무슨 조화냐 하는 의구심도 들었다.

　백두산은 이제 우리 산이 아니었다. 중국 사람들은 장백산이라고 부르며, 자기 산으로 여기고 또 신성시하고 있었다. 옛날에는 왕이 일 년에 한 번 정도 찾아와 산신제를 올릴 만큼 신령시 했던 영산이었다. 우리가 올라가는 백두산은 우리나라에서 보면 북쪽의 백두산에 해당된다. 북쪽의 백두산은 경사가 완만하여 거의 정상까지 차가 가지 않는가. 물론 올라가는 길은 새로 다듬고 트였지만, 말할 수 없이 꼬불꼬불하고 가팔랐다. 아차 하면 천 길 낭떠러지로 굴러 버릴 그런 험악한 굽이도 몇 군데 있었다. 흑풍구라는 곳은 바람이 얼마나 세던지 작년에 이곳을 구경하던 우리나라 사람이 바람에 휩쓸려 죽고 말았다고 한다. 또한 굽잇길에서는 일가족이 자가용으로 내려오다 천 길 낭떠러지로 추락하는 참사를 당할 정도의 아찔한 곳이었다. 길 한쪽에 있는 나무들이 모두 옆으로 누워 있는데, 심한 바람 때문이라 하지 않는가.

긴장된 마음으로 반 시간 남짓 달리니, 차는 드디어 백두산 영봉 바로 밑에 이르렀다. 영봉 주변은 나무라고는 도통 자라지 않았다. 풀도 없다. 너무 높아서일까. 사람이 너무 많이 찾아와서일까. 여기에 찾아오는 사람은 주로 우리 한국 사람이라는데, 우리 한국 사람이 여기를 찾아온 것도 불과 몇 년 전에 불과하다는데, 2천7백여m 이상이나 되니 식물도 자랄 수가 없는 모양이다.

이곳에 도착했을 때 비는 언제 왔느냐이었다. 영봉의 안개는 어느새 밑으로 내려가서 우리 일행은 마치 고공에 오른 기분이었다. 차에서 내리자마자, 조급한 마음으로 마지막 정상을 향하여 한 10여 분 정도 숨 가쁘게 올라가니, 바로 내가 몽매에도 그리던 천지가 나타났다. 내가 오니 구름도 걷히고 그저 티 없이 맑고 고운 태고의 모습 그대로의 천지가 알몸을 드러내 놓고 있지 않은가!

그림이나 사진으로만 보았던 백두산 천지, 맨 꼭대기에 이런 아름다운 천혜의 호수가 있다니, 백의민족의 정기가 발원하는 곳이 바로 여기인 것을.

(광주수필 1994, 통권 27)

지금 만주 조선족은

이도백하 '미인송' 여관에 다시 여장을 푼 우리 일행은 산속의 마을 정취를 맛보며 야밤 산책을 즐겼다. 이곳 주민들은 또 별것도 아닌 물건들을 가지고 와서 1달러, 2달러만 달라 했다.

백두산에서 캤다는 산삼이라는 것도 가져왔고, 도라지, 더덕 뿌리 등 약초에다가 또 백두산 화산석이라는 바위도 깎고 다듬어서 가져왔다. 역시 1달러 아니면 2달러만 달라 했다. 꾀죄죄하게 땟국이 흐르는 여인들이 대부분이었다. 우리말을 쓰며 사는 조선족, 아니 반도 품안을 등지고 유랑의 끝에 이곳에 주저앉아 지금껏 살고 있는 우리 동포들이다.

관광객을 상대로 하여 이곳 토산품을 팔면서, 농외소득 몇 푼을 벌 목적으로 나온 것이다. 그들은 화산석을, 우리가 가지고 간 목에거는 볼펜 같은 것을 주면 흔쾌히 바꾸어 주기도 했다. 나 역시 가지고 간 볼펜 한 다스와 자철광 화산석과 바꾸었다. 나는 이 검은 화산석으로 나의 생애의 유일한 백두산 기행을 기념하는 패로 삼으려는 심정으로 받아들였다.

이 우리 동포 아닌 우리 동포 여인들이 한바탕 소란을 벌이고 자리를 옮기자, 어느 할머니 한 분이 아는 체를 한다. 분명 우리 동네 이웃집 할머니렷다. 혹시 한국에서 오시지 않았느냐고 한국말로 인사한다. 이곳에도 조선족인 우리 한국 동포가 많이 살고 있단다. 이 할머니 역시 남편 따라 여기까지 와서 살게 되었다고 한다.

"할머니, 여기 사십니까?" 하니 "딸이 여기 살고 있다."고 했다. 딸집에 종종 놀러 온다는 것이다. 그 할머니는 요즘 한국 사람들이 이곳에 많이 찾아와 만나는 것이 여간 기쁘지 않다고 제법 반가운 얼굴로 차분하게 이야기를 꺼냈다.

자기 친정은 인천이었는데 진주로 시집갔다고 한다. 남편 따라 일본에 갔다가 일본서 한국 사람을 북한으로 보내 주는 바람에 여기까지 오게 됐다는 것이다. 집도 주고 땅도 준다고 해서 왔지만, 집은커녕 허허로운 황무지밖에 없었다고 한다. 몇 년 동안은 먹을 것이 없어서 어떻게 살아왔는지…, 죽지 못해 살아왔다고 했다. 지금은 겨우 밥을 먹고 살고 있지만, 딸밖에 못 낳아, 거의 딸집에 와서 산다고 했다.

나와 이 선생은 이 할머니가 하도 딱하게 여겨져 성큼 1달러씩을 내주었다. 할머니는 몹시 고마워했다. "오늘도 사위가 돈 몇 푼을 주어서, 그놈 까먹으러 나왔다."는 말을 되새기고 되새기며, 우리를 만나 몹시 기쁘다고 하시는 할머니, 나중에 알고 보니, 그런 식으로 한국 교포에게 돈 몇 푼씩 얻는 재미로 이 여관 주변에 서성거리는 짠한 한 교포에 불과했다.

다음 날 아침에 이 선생과 나는 일찍 일어나 산책에 나섰다. 오늘은 마지막 백두산 곁을 떠나야 하는 아쉬움을 조금이라도 더 덜어 보려고 '미인송' 여관을 나와 거리를 걸었다.

여기 '이도백하'는 산중 소도시라 할까. 조그마한 면 소재지가 될 것 같았다. 밖으로 나왔더니, 우리보다 더 먼저 나와 산책을 하시는 분과 마주쳤다. 이번에 우리 일행의 행정 요원으로 오신 정○○ 전남 교육청 장학사님도 일찍 나오셨다. 체구 그대로, 연일 계속되는 여정에도 피곤한 기색은 찾아볼 수 없는 분이시다.

사방은 소나무 숲으로 우거져 있다. 주민들 가운데 몇 살림은 일찍 마차를 타고 어디론가 가고 있었다. 일터로 가는 모습이다. 한참 산책을 하고 있는데 어느 젊은 남자가 자전거를 타고 나타났다. 가까이 오더니 가슴속에서 뭔가를 꺼낸다. 백두산에서 잡은 사슴의 뿔이란다. 금지하고 있는데 자기는 목숨을 걸고 잡았다는 것이다. 15달러만 달라고 한다. 이들은 이런 식으로 관광객을 상대로 하여 돈을 벌고 있다. 한 달 벌어 봐야 3,400원 정도 월급을 받는데, 이들은 이런 식의 벌이가 훨씬 낫다는 것이다.

미인송 여관에서 식사를 마친 우리 일행은 다시 버스를 타고 아쉬운 작별을 고했다. 차가 출발하기 전에 역시 관리자와 이들 주민과 마지막 작별 인사를 나누며 차는 서서히 움직이기 시작했다. 이도백하여, 미인송 여관이여! 이제 가면 언제 다시 올지 모르겠다. 백두산 마지막 산자락 마을을 뜬다는 생각은 너무 마음 아팠다. 그러나 할 수 없지 않은가. 살다 보면 또 올 수 있지도 않겠는가 하는 한 가닥 희망을 남기면서 멀어져 가는 미인송 여관을, 사라져 가는 미인송 여관의 여인상을 잊지 않으려 했다.

8시 30분경. 차는 어느새 그 유명한 청산리 일송정 기념비 앞에 이르렀다. 김좌진 장군의 그 유명한 청산리 싸움을 그리며, 과연 그 패기 넘치던 우리 애국지사들의 늠름한 발자취가 아로새겨진 일송정이라고 새겨진 돌비 하나만이 잡초 속에 애처롭게 서 있었다.

"일송정 푸른 솔은 홀로 늙어 갔어도, 한 줄기 해란강은 천년 두고 흐른다. 지난날 강가에서 말달리던 선구자, 지금은 어느 곳에 거친 꿈이 깊었나."

조두남 작곡의 노래 「선구자」라도 한 수 불러 보고 싶었지만, 울먹이는 가슴 가라앉히기 위해 돌비 앞에서 기념사진 한 장씩만 찍었다. 잃어버린 조국을 되찾기 위하여 이국 만 리, 허허벌판에서 왜놈군과 혈투를 벌여, 보기 좋게 섬멸시켜 버린, 거룩한 애국선열들의 발자취를 찾아본다는 것은 정말 뜻깊을 것 같았다. 지사들의 우렁찬 함성과 힘찬 발자국 소리가 다시 들려오는 것만 같았다.

(光州隨筆 1995, 통권 28호)

서안에서

드디어 집을 떠나 중국 두 번째 여행길에 나섰다. 무더운 여름, 우리 내외는 무거운 여행 가방을 들고 집 앞에서 설레는 마음으로 택시를 탔다. 나는 이번 여행을 운 좋게 하게 된 셈이다. 본래는 금강산을 가 보려고 방학 직전에 물색해 보았으나 이미 때가 늦었다. 적어도 3, 4개월 전에는 신청을 해야 하는 것이었다.

이번 일행은 전혀 생소한 분들, 아내 친구 친구들의 모임분들이 중국을 가기 위해 계획을 하였는데, 우리 부부도 낄 수 있게 되었다.

관광 사장을 포함 23명을 태운 관광버스는 장성 갈재를 넘어서 정읍 근처를 달리는데 갑자기 먹구름이 감싸더니 소나기가 억수로 퍼붓기 시작했다. 여름철 흔히 볼 수 있는 비이지만, 운전기사가 시야가 불편하여 서행 운전을 하기 망정이지, 타고 있는 승객들의 가슴은 콩알만 해지는 것 같았다. 모든 차들이 일시에 경고등을 켜고 폭우를 무릅쓰고 달리는 모습은 비를 맞고 경주하는 느낌도 들었다.

조금 더 달리니 언제 그랬느냐는 듯 하늘은 따가운 햇빛을 내리

비쳤다. 6시 45분경, 마침내 우린 인천공항에 도착했다. 이제 꿈에 그리던 중국 여행을 하나보다 하는 생각이 들었다. 무거운 짐들을 끌고 안으로 들어가니, 넓은 공항 대합실은 시원하게 우리 일행을 맞이했다. 10시 밤 비행기를 타기 위해 미리 온 것이다.

밤 10시, 중국 서안행 중국동방공항 비행기는 어김없이 인천공항을 이륙하여, 어두운 밤하늘을 날았지만, 사방이 캄캄해서인지 기체 안이라는 느낌은 적었다. 밤하늘을 순항한 비행기는 2시간여 만에 서안 함량공항에 안착했다.

중국은 어떤 나라인가? 이번은 두 번째 방문, 그러나 우리나라보다 44배나 큰 나라인데, 가 볼 곳이 얼마나 많은가. 이번은 중국 서남부 즉, 중국의 고도(古都) 서안(西安)을 필두로 해서 장가계, 원가계, 계림, 소주, 상해 등을 여행하기로 되어있다.

거대한 대륙국가 중국, 55개의 소수민족과 7, 80%를 차지한 한족(漢族)으로 이루어진, 하나의 국가라고 말하기엔 너무나 큰 다양성을 지닌 나라, 북쪽과 서쪽의 산악 지대를 제외하면 광대 무변의 평평한 땅으로 된 나라, 정확하지 않은 13억 인구에 5,000여 년이라는 오랜 역사와 빛나는 문화를 간직한 나라가 아닌가!

그중 세계 문화유산으로 여겨지고 있는 만리장성이나 자금성, 진시황 병마용 등은 유서 깊은 역사의 빛나는 유적, 유물들이다. 세계 7대 불가사의 중의 하나라는 만리장성은 지난번 여행에서 밟아 보았던 곳, 진시황 병마용은 이번 서안에서 볼 수 있겠지.

오랫동안 죽(竹)의 장막(帳幕)이라 불리던 공산 중국은 등소평 집권 이후 서구 문물을 받아들임으로써 자본주의 경제 원리를 인정하게 되고, 사회주의식 집단 노동과 공동 생산 분배에서, 토지를 50, 60년

대여해줌으로써 사실상 자본주의 자유경쟁체제로 나아가고 있는 것이다.

중국은 21세기로 접어들면서 공산국가로 대표되는 구시대적 이미지를 버리고 개방정책을 씀으로써 세계 각국의 관광객이 대거 몰려오고, 상해, 북경, 천진, 심양 등 대 공업도시를 중심으로 눈부신 경제 도약을 가져오고 있다. 바야흐로 세계가 주목하는 경제 대국으로 다가올 그 날이 멀지 않았다.

많은 인구, 넓은 땅, 그곳에서 나오는 자원들을 업고 세계 최강의 국가, 세계의 중심을 뜻하는 '중화(中華)'의 실현을 기하려고 매진하고 있는 중국을 10여 만에 다시 와 그 변화 모습을 볼 수 있어 매우 흐뭇하다. 그러나 아직도 중국은 다수의 인구가 가난을 면치 못하고 있다. 지금 농촌 지역은 우리나라 60, 70년대의 생활 모습을 그대로 지니고 있다 하겠으나, 전국 각처에 개발의 붐이 활발하게 일고 있음도 사실이다.

첫 밤을 서안 빈관호텔에서 보낸 우리는 아침 6시 기상, 호텔 식으로 아침을 때우고 9시에 이틀째 여행길에 나섰다. 서안의 아침은 우리나라와 똑같이 무더웠다. 그러나, 평생 가 보고 싶었던 서안 땅, 그중에서도 진시황릉(秦始皇陵), 진시황병마용(秦始皇兵馬俑)은 꼭 보고 싶은 곳이 아니었던가. 역대 명필을 새긴 1,000개의 비석을 모아놓은 비림(碑林)박물관, 당현종과 양귀비의 로맨스 장소로 유명한 역대 황제들의 휴양지 화청지(和淸池)도 볼 수 있다니 마음이 설레었다.

첫 귀착지 서안(西安)은 중국의 고도(古都)로서 역사 유적, 유물이 많은 곳으로 중국 서북구 섬서성에 위치한 대표적인 관광 도시의 하나다. 관중 분지의 중앙부에 위치, 또한 과거 동양과 서양의 문화 교류에서 중요한 역할을 했던 실크로드의 기점이기도 하다. 우리에겐 서안보다는 장안(長安)이라는 이름으로 익숙한 옛 도시이다.

한때 천하를 평정한 한(漢)나라 유방(劉邦)이 이곳에 도읍을 정하고 근처 함양에 갔을 때 마침 산보하고 있는 노인을 만나, 소원을 물으니 "편안하게 살다가 죽기를 원한다."고 대답하여 이곳을 아예 장안(長安)이라 부르게 했다 한다.

땅 파는 곳마다 '보물'덩어리가 나오고, 미인(美人)이 많아 절대 딴 데로 시집을 안 간다고 하는 서안은 지금, 신흥 내륙 공업 지역 가운데 하나이며, 20여 개의 대학과 연구소들을 갖춘 교육도시이기도 하다. 군수 공장, 우주 연구 센터 등 핵심적인 산업체가 있는 도시이다.

장안은 당 태종 때까지만 해도 재정이 궁핍했는데, 당 고종 때부터 조금씩 사정이 나아지다가 현종에 이르러 전성기를 이루며 로마와 함께 세계 중심지로 등장했다. 우리 역사와도 연관이 깊으니, 660년 백제 멸망 때 의자왕과 유민들이 이곳 서안으로 끌려와 치욕스러운 삶을 살다가 죽었다고 한다. 같은 민족의 후예로서 눈물겨운 마음 금할 수 없었다.

서안 비림, 화청지

첫 밤을 서안 빈관호텔에서 보낸 우리는 6시에 기상하여 호텔식으로 아침을 때우고 9시에 이틀째 여행길에 나섰다.

서안의 아침은 우리나라와 똑같이 무더웠다. 그러나, 평생 가 보고 싶었던 곳 서안 땅, 그중에서도 진시황릉, 진시황(秦始皇)병마용(兵馬俑)은 꼭 보고 싶은 곳이 아니었던가. 역대 명필을 새긴 1,000여 개의 비석을 모아 놓은 박물관 비림(碑林)도 보고 싶고, 당현종과 양귀비의 로맨스 장소로 유명한 역대 황제들의 휴양지 화청지(和淸池)도 볼 수 있다니 마음이 설레었다. 아내는 디카를 들고, 나는 비디오 카메라가 무거운 줄도 모르고 들고 나섰다.

서안(西安)은, 서주, 진, 전한, 신, 전조, 전진, 후진, 서위, 북주, 수, 당나라 등 11개 왕조가 도읍했던 중국 제1의 고도(古都)였다. 지금의 산시성(陝西城) 시안(西安)에 해당한다. 한(漢)나라와 당(唐)나라 때에는 동도(東都)인 뤄양(洛陽)에 대비시켜 서도 또는 상도(上都)라고 불렀다. 중국 서북지방에 있는 관중평야(關中平野)의 중앙에 있고 서주의 도읍

호경(鎬京)의 옛터는 지금의 시안시 남서쪽 교외에 있다. 또, 진(秦)나라의 함양궁(咸陽宮)터는 북서쪽 위이허강(渭河) 북쪽 기슭에 있고, 아방궁(阿房宮)터는 서쪽 교외에 지금도 남아 있다. 전한 시대의 장안성은 시안시의 북서 교외 웨이허강 남쪽에 있으며, 궁전의 기단(基壇)과 성벽의 일부는 지금도 남아 있다. 성문이 12개 있는 성벽으로 둘러싸인 성에는 장락궁(長樂宮), 미앙궁(未央宮) 등의 궁전이 조성되어 있고 시가지와 거주지역이 있다.

당나라 장안성 밖 북동쪽에는 태종(太宗)과 고종(高宗)이 대명궁(大明宮)을, 성 안에는 현종(玄宗)이 경흥궁(慶興宮)을 조영했다. 또 남동쪽의 곡강지(曲江池)는 연회 장소로 알려져 있다. 성 안은 109개의 방(坊)으로 나뉘어 있는데, 방에는 주택 외에도 사원, 도관(道觀), 이슬람 사원 등이 흩어져 있었다.

동서시에는 상점, 여관, 음식점들이 즐비하며, 상인과 여행자들로 크게 번창했다. 이 당시의 장안은 동아시아뿐만 아니라 세계 각국과의 교류 중심지였기 때문에 서역(西域)의 대상(隊商)과 주변 나라 사람들이 빈번하게 내왕했다. 당나라의 장안은 현종 때 최성기를 맞이하여 인구가 100만이 넘는 국제적 문화도시였으나 당나라가 쇠망하자 함께 쇠퇴하여 다시는 국도(國都)가 되지 못하고 오랫동안 일개 지방 도시에 불과한 존재로 있었다. 그 뒤 중화인민공화국의 탄생으로 다시 부흥하여, 산시성의 성도 시안으로서 경제·정치, 문화의 중심지가 되고 있다.

오늘의 첫 목적지는 비림 박물관, 차를 타고 가는 도중에 중국 와서 처음 만난 산뜻하고 예쁜 조선족 가이드, 이름은 최선자이며 교포 3세라서 그런지 약간씩 우리말이 부자연스러웠다.

서고 동저형의 중국, 산이 전 국토의 1/3을 차지하고 있고, 그 나머지는 고원지대, 분지, 평야, 언덕으로 되어있다. 국토가 넓고 변화가 풍부하므로 기후 역시, 한 나라 안에 다양하게 존재한다. 여름 기온이 35℃를 넘는 장강 연변이 있는가 하면, 겨울 기온이 -30℃까지 내려가는 동북지방도 있다. 실크로드 지방에는 밤낮의 기온 차가 20~30℃, 최고는 낮 30~37℃가 되기도 하고 밤은 기온 차가 심해 시원한 편이다. 40℃가 넘을 때 직장 출근을 안 하기도 한단다.

중국 인구는 현재 12억을 넘어서 13억을 바라보고 있다. 세계에서 가장 많은 인구를 가지고 있는 중국 정부는 인구의 급속한 증가를 막기 위해 한족(漢族)에 한해 1가구 1자녀 정책을 펴고 있다. 하지만 이런 정책의 역효과로 농촌구역에서는 호적에 오르지 못한 아이들이 증가하기 시작하여 감춰진 아이라는 의미의 흑해자(黑孩子, 헤이하이즈. 남아선호 사상에 따라 주로 여자아이들이 흑해자가 된다)들이 생겼으며, 반면 가정마다 자녀가 한 명밖에 없기에 아이들을 마치 황제처럼 모신다고 하여 외동딸, 외동아들을 가리켜 소황제(小皇帝, 샤오황띠)라고 일컫기도 한다. 이러한 중국 정부의 강력한 인구 억제 정책에도 불구하고 2025년에는 중국 인구가 15억이 넘을 것으로 추정된다.

중국은 56개의 민족으로 이루어져 있다. 그중 94% 이상을 한족(寒族)이 차지하고 있으며, 장족, 회족, 묘족, 만주족 등 55개의 소수민족이 나머지 6% 정도를 차지한다. 그중 우리나라와 밀접한 관계를 지닌 조선족은 약 200만 명이며, 이들 대부분은 연변 조선족 자치주에 살고 있다.

이렇게 다양한 민족들로 구성된 국가의 안정된 통일을 유지하기 위해서 등소평 주석 집권시 중국은 모든 민족의 평등이라는 이념을 기반으로 하여 잘 짜여진 소수민족 정책을 실시하고 있다.

　이 정책은 무엇보다 소수민족의 지역자치를 시행토록 하며, 소수민족의 종교적 자유를 보장해주고 그들의 사회적 환경과 삶의 질의 개선과 발전을 도모한다. 또한 인구 억제 정책의 일환인 1가구 1자녀가 아니라 1가구 2자녀를 허용함으로 소수민족의 육성정책을 씀으로써, 그 정책을 편 등소평을 하늘처럼 존경하고 수많은 소수민족들의 지지를 받아 대중국은 날로 융성해가고 있다. 이것이 대륙 기질이요, 모든 민족의 중심이 되고 본이 된다는 중화(中華)사상이 아닌가?

원가계(猿家界)의 신비

　무더위도 아랑곳하지 않고 계속 강행되는 대륙 여행, 장가계 다음 코스로 향했다. 그 이름 원가계(猿家界)!
　케이블을 타기 위해 줄을 서 있는데, 누가 오이를 준다. 난 이 오리를 먹으면 혹시 술기가 해소될까 마구 먹었다.(점심시간에 토가족 아가씨가 따라 준 토속주 맛본 것이 나를 취하게 만듦.) 나는 이국땅 온 세계 사람이 보는 데서 '속 것'을 다 게워내고 말았다. 이런 우세가 어디 있는가? 몇 번 게워내고 나니 속이 좀 편해진다. 몽롱하고 얼얼한 기운이 조금씩 사라진다. 이제 좀 살 것 같았다.(이래서 내가 술을 피하는데, 먹을거리, 구경거리까지 다 해보려니 탈이 안 붙을 수 없다.)
　'천자산 자연 보호구'에 오르니, 먼저 '하룡 공원(賀龍公園)'이란 간판이 나타난다. 여기서부터 원가계(猿家界). 마침 더위라도 식혀주려는 듯 소낙비 몇 줄기가 후드득후드득 떨어진다. 많은 사람들 틈에 끼어 오르니 발이래로 수려한 산수가 전개된다. 장가계에서 본 그 기암괴석은 여기서도 계곡을 이루며 숲속에 갇혀 있었다. 아무의 발걸음도 미치지 못한, 아니 못할, 험준한 심산유곡 원가계(猿家界)가 아닌가!

　어소봉(御笑峰)에서 바라보는 장관은 말할 것 없고, 선녀산화(仙女散花)에서 내려다보는 자연은 저리도 신비로운 산수로 탈바꿈해 놓았을까? 천하 제일 교엔 누가 서 있느냐? 미혼대가 어지럽다.

　장가계가 위로 쳐다보는 관광이라면 원가계는 내려다보는 관광이다. 장가계는 송곳 같은 기암괴석이 많은가 하면, 원가계는 깊은 계곡에 병풍을 휘둘러 놓은 듯한 기암 절경이다.

　그러나 어찌하랴! 바삐 가는 시간은 나그네의 발걸음을 재촉하니 아무리 천하 비경이 앞에 펼쳐진들 발길은 다른 데로 향할 수밖에 없다. 그러나 가도 가도 아직은 비경 속, 장가계인지, 원가계인지 분간하기 어렵구나! 산속에 이 무슨 엘리베이터인가! 일러 백룡(白龍) 엘리베이터, 길이가 362m라 한다. 꼼꼼히 설명해 주는 현지 가이드가 고맙다. 일행 중 까다롭게 묻고 확인하는 자는 나밖에 없으니, 나 역시 따분한 여행객임에 틀림없지만 여행이 개 바위 지나듯 하지 않기 위하여, 난 확인할 것은 확인하여 적곤 한다. 사진 찍으랴, 수첩에 적으랴 바쁘기도 하지만, 난 거금을 주고 온 외국 여행을 헤프게 할 수 없었다.

　해거름 무렵 계곡 백룡 엘리베이터 밑 입구에서, 오랜만에 일행의 단체 사진을 찍었다. 전혀 생소한 사람끼리 한 조가 되어 외국까지 구경 다닌 것도 인연이면 인연이다. 처음 서먹서먹한 점이 날이 갈수록 적어진다. 전남 지역이나 광주 시내에서 초등 아니면 중등에 근무하는 교사들이니, 같은 길을 가는 사람들이 아닌가! 난, 광주 시내 교사 노·박 부부와 더 가까이하며 여행을 했다.

다시 차를 타고 '보봉산장(寶峰山壯)'에서 식사를 하고, 옆 건물 내에서 중국의 명산물, 루비, 비치 가게를 견학했다. 역시 보석은 여자들이 좋아한다. 한두 점 이상 또 사지 않은가.
　식사 후, 잠자리에 들기 전에 발 마사지를 받으니, 어느덧, 무겁게 짓누른 피로와 노독이 일시에 싹 가신다. 토가족 젊은이와 아가씨들이 발 마사지를 자랑스러운 직업으로 여기고 열심히 그리고 상냥히 최선을 다하는 모습을 보니, 중국인들의 삶의 강인함이 돋보였다.

6

상유천당

보봉 호수에서

 이국땅에 온 우리 일행을 축복이라도 하듯, 날씨는 계속 맑았다. 오늘의 주목적지는 장가계의 접속곡인 시내 명소이다. 그 전주곡인 백장협을 지나 보봉호로 가서 유람선을 탄다니 자못 기대가 된다.
 장가계 풍경구로 가기 위해 버스를 탔다. 차창에서 보이는 협곡- 여기가 백장협-엊그제 장가계, 원가계에서 본 산들이 즐비하게 놓여 있다. 산수화가가 그려 놓은 듯한 기암절벽, 한 곳을 뚝 떠서 수반에 올려놓으면 훌륭한 산수경석이 될 것 같다. 하느님은 어찌하여 거대한 땅 중국에만 이런 자연의 특혜를 내려 주었는지 순간 원망도 된다. 고국에 금강산을 가 보지 못해 비교가 안 되지만 듣기엔 새 발의 피라 하니 지나친 자조(自嘲)일까! 내 금강산을 보고 판단하리라!
 장가계시는 바야흐로 관광지로 개발하기 위해 터널을 뚫고 길을 넓히고 있었다. 상황제가 축조했다는 백장령 바위, 마지막 한 개를 올려놓는 데 실패하자, 인간 세계에 귀양 가게 되고 결국 토가족(이곳 주족) 수령이 되었다는 이야기가 끝나자, 또 나타나는 폭포수, 가까이 가서 보니, 인공 폭포임에는 틀림없었으나 그런대로 멋스러웠다. 자연도 인간의 손길이 더해졌을 때 더 아름답지 않은가. 곧 볼 그 보봉호(寶峰湖)가 그 장본인, 반자연, 반인공의 거대한 호수가 아닌가!(중국에는 이런 인공 호수가 많이 있다.)

누가 만들어 놓았는지, 오르기 좋게 만들어 놓은 계단, 한 단 한 단 오르자, 웬 원숭이가 반긴다. 한 이십여 분 오르니, 펼쳐지는 고공 호수, 이렇게 높은 곳에 보석 같은 푸른 호수가 나타난다. 선녀라도 금방 나타날 것 같은 분위기다.

한 2, 30분 기다리니, 꽃배가 나타난다. 우리는 선녀, 선남이 되어 비췻빛 물 위를 떠났다. 둘러싸인 산수 비경에 취해 비디오카메라에 담는데, 강어귀에 작은 배가 나타난다. 배의 주인이라기엔 너무 가냘픈 - 마치 선녀 하나가 뒤떨어져 있다 외로움을 달래기 위한 듯 구슬픈 노래로 반긴다. 그러나 같이 갈 수 없는 운명인 듯. 서로 손짓만 하고 지나치니 또 한 외로운 곳에 배 하나, 여기엔 선남이 우릴 보며 구성지게 노래 한 자락 부른다. 다 관광객을 기쁘게 해 주기 위해 배치해 놓은 인물임엔 틀림없지만 하루 종일 혼자 있자면 얼마나 외로울까!

한 20여 분 달리니 또 끝자락에 아름다운 집이 나온다. 옥황상제라도 계시는 곳 같다. 이런 호수 주변에 그림 같은 집을 지어 놓고 찾아온 나그네가 잠시라도 쉬어가게 하니, 요즘 중국인들의 관광 정책이 얼마나 훌륭한지 알겠다.

다시 배가 뜨기까지 이곳 공연장에서 무동들이 보여주는 중국 무용과 노래를 구경했다. 천상에 선녀와 신선들이 노는 모습 같기도 했다.

중국에서의 밤 기차여행

중국에 온 지 나흘째, 어제 5시 28분 '장가계' 역을 출발하는 야간 기차를 타기 위해 아침 일찍 S호텔에서 밥을 먹고 버스를 탔다. 한참 동안 시내를 달린 버스는 이내 역사 앞에 도착했다. 버스에서 내리니 웬 사람들이 나타나 짐을 낚아채는데, 미처 알지 못한 우린 놀래 자기 짐을 챙기기에 바빴다. 알고 보니 짐꾼들, 짐을 역사까지 날라 주겠다는 것이다. "3천 원, 3천 원" 하는 것으로 보아, 우리 돈으로 단돈 3천 원만 주면 되겠지만, 우린 이들이 불량배처럼 보여 거절하고 말았다. 옷차림이 허술하고 얼굴에 땟물이 자르르 흐르는 그들, 그런데 끈덕지게 따라오지 않는가.

역사가 꽤 멀었다. 우리 부분 한편 두렵고 겁이 나, 무거운 짐을 끙끙거리며 끌고 가다가, 거의 역사 앞에 와서야 집요하게 따라붙는 한 여자 짐꾼의 성의에 감복하고 그에게 짐을 일임했다. 또 여기서 역 대합실까지 가는 길이, 층층이 진 높은 계단이 아닌가. 결국 힘이 들어 짐을 맡겼지만 착실한 날품팔이임을 미처 알지 못한 것이 더욱 미안하고 죄송했다. 단돈 몇 푼을 벌려고 그리 애쓰며 열심히 그리고 정직하게 사는 사람들이었다. 그는 기차가 올 때까지 한참 기다렸고, 마지막 기차에 그 무거운 짐을 다시 실어 주고 나서야 사라졌다. 그것도 한 건 해주어서 너무나 고맙다는 표정으로 인사를 두세 번 하면서!

 우리나라 6, 70년대의 우리 모습을 본 듯한 중국의 현실을 실감하며, 드디어 서서히 몸을 사르는 밤 디젤 기차를 탔다. 침대 열차라고 중국에 와서 처음 타 보았지만, 마치 피난민을 싣고 달리는 열차같이 허술했다. 한 실에 네 사람이 탈 수 있게 되어있는데, 한쪽엔 N 선생 부부가, 다른 한쪽엔 우리 부부가 각각 1층엔 여자, 2층엔 남편들이 차지하고 갔다. 사실 이번 동행하는 여행객들이 전혀 안면이 없는 분들이었는데 중국 여행을 함께 하며 일면식을 하게 되고 며칠째 같이 다니다 보니 친숙해진 사이가 되었다고 하겠다.

 칠흑 같은 밤, 야간열차에 몸을 맡기다 보니, 비록 N씨 부부와 동행하고 있지만, 저 6·25 동란 때 피난 열차 속에 탄 사람들의 모습을 떠올리기도 하고, 으스스한 기분은 만단정회를 금치 못하게 했다. 옆 칸에도 마찬가지이리라. 거기에도 또 누구누구 부부들이 우리와 비슷하게 공간을 차지하고 잠을 청하고 가리라. 밤은 깊어가고 몸도 피곤하여, 협착한 공간에서나마 잠을 청해보지만 잠은 도통 오지 않는다. 어둔 밤을 질주하는 기차 바퀴의 줄기차게 굴러가는 소리만이 뇌성벽력처럼 들린다. 그래서 칸 밖으로 나갔다. 아니나 다를까. 옆 칸 부부들도 잠이 오지 않는지 문을 열어 놓고 도란도란 이야기하고 있다. 같은 교직 동지들이고, 더욱 며칠 동안 동고동락하면서 여행하다 보니 친숙해진 사이. 하지만 만나서 구체적으로 자기를 소개하거

중국에서의 밤 기차여행 187

나 소개받지도 않은 채, 연일 다니는 처지였다. 오늘 밤이 이런 서먹한 우리들을 좀더 가깝게 해주는 절호의 기회가 된 것이다.

기차 안 흐린 불빛 속에서도 서로 누구인가를 대강 짐작하고, 우린 자연스럽게 함께 자리를 하게 되고 그동안 여행하면서 겪게 된 갖가지 추억들을 되새기었다. 시간 가는 줄 모르는 즐거운 이야기 속에 빠졌다. 어찌 이야기만 있었겠는가. 그들은 가지고 온 술과 안주를 내놓으며 먹으라고 한다. 나는 잘 못한다고 손사래를 치니, 술도 못하느냐는 투로 어줍은 눈짓을 한다. 흔히 사회에서 사람들은 술 영웅론을 많이 주장한다. 술을 잘 먹는 사람이 일도 잘하고, 멋있고 잘난 사람인 것처럼 뻐기는 사람을 많이 본다. 술에 약한 난 그분들을 비하하고 싶지는 않다. 그것도 어떤 면에서는 대단한 일이니까.

이번에 함께 온 남정네들은 거의 술을 잘 했고, 오직 한 집사 한 분만이 철저히 사양을 하는 모습을 보았다. 정말 신앙이 독실한 분임이 틀림없었다. 그런가 하면 난 신앙인이면서 한두 잔 훌쩍거리니 이것도 아니고 저것도 아닌 존재다. 더욱 여행하는 도중에 군데군데에서 만난 토속주를 받아 마시며 맛보고 다녔으니, 소위 신앙인으로서 할 말이 없다. 신앙인에게 금주, 금연은 첫째 계명이요, 둘째 계명이라 할 만큼 엄한 율법이다.

그러나 여행은 보고만 다니는 것이 아니요, 맛보고 즐기는 데 더 여행의 진가가 있다고 생각하는 나의 어설픈 여행 철학. 그래서 이번 중국 여행에서 나는 장가계 여행을 마치고 다음 여정을 위해 점심을 먹을 때 어느 토가족(土家族) 아가씨가 따라준 술을 호기심이 발동하여 그만 몇 모금 마시고 만 것이다. 그리고 멋모르고 먹은 그

독한 술은 곧 기운을 폭발하여 나로 하여금 하늘이 빙빙 돌고 발걸음이 무거워 땅바닥에 주저앉게 하였으니, 여행도 제대로 할 수 없을 정도로 혼쭐난 사건이었다. 한순간 유혹을 뿌리치지 못한 나의 시음은 결국 나를 몹시 후회하게 했다. '술에 약한 자여 아예 먹지 마라, 이기도 못하면서 왜 먹었느냐?' 하고, 그 뒤부터는 일절 금주하며 여행을 했지만 말이다.

성경에 '술에 취하지 마라' 하는 말은 술은 적당히 마시기 어렵고, 먹다 보면 지나쳐 실수를 하게 하는 음식이라 삼가는 것이 좋다고 보는 것이다. '모든 것은 가하다, 그러나 그 도를 넘지 마라'는 성경 말씀도 있다. 하나님은 모든 것을 만드시고 우리 인간에게 허락하셨다. 그러나 그 도를 넘을 때 문제가 되고 실수가 되니 매사 삼가고 조심하라는 뜻이다, 하나님은 인간에게 무한한 자유를 주셨지만 남용하지 않기를 바라시는 것이다. 유교의 과유불급(過猶不及)이란 말도 마찬가지다. 지나친 것은 미치지 못한 것만 못하다는 말. 인간의 됨됨이는 이 정도를 잘 지키느냐 못하느냐에 달려 있다고 말한다.

중용(中庸). 따지고 보면 실행하기 얼마나 어려운가. 여기에도 치우치지 않고 저기에도 치우치지 않는다는 것은 성인이나 할 일이고. 작심해 놓고 삼 일 못 간 경우가 대부분, 나의 경우도 예외가 아니다. 사실 술도 잘 못하면서 여행에서 해 보는 산 체험이라는 이유로, 이국의 맛과 정서를 알기 위한다는 나의 얄팍한 사상(?) 속에 한 모금 한 모금 훌쩍거리고 다니는 나의 모습은 아직도 생각이 부족하고 성숙되지 못한 한 어리석은 신앙인의 짓이었지만 또 어쩔 수 없었다면 '믿음이 옅은 자여'라고 나무라는 어른들이 많이 있으리라 여긴다. 공자님께서도 인간도 칠십쯤에 와서야 불유구(不逾矩)라 하셨으니,

중국에서의 밤 기차여행

나 같은 범부가 하는 일은 언제나 한계가 있고 후회의 연속에서 헤어나지 못하고 있음을 자인하는 바다.

잠은 한숨이라도 제대로 했는지, 어둠을 뚫고 달리는 기차의 덜커덩거리는 소리에 단잠을 잔 자는 거의 없으리라. 어느새 하차 준비하라는 신호가 온다. 차창 밖으로 차차 여명이 밝아온다. 새벽 6시 5분 드디어 기차는 유주역에 도착했다.

유주는 제3의 목적지 계림(鷄林)을 가기 위해 거치는 역이다. 유주시는 중국 10대 공업 도시의 하나다. 자동차, 치약 제조 공업으로도 유명하다. 저 일제 강점기 시절, 한국 임시정부가 자리 잡았던 곳이기도 하다니, 한층 더 정겹게 다가온다.

중국(中國)은 세계 4대 문명의 발상지 황하(黃河) 문명이 있었던 곳, 넓은 땅, 많은 인구, 빈부 격차도 많다. 우수한 문화에 비해 문화 혜택을 누리는 자와 못 누리는 자는 너무나 현격하다.

중국인에게 3대 원망(怨望)이 있으니 첫째, 글씨(한자) 다 못 외워 원망이요, 둘째, 땅이 넓어 유명 관광지 다 못 가 보아 원망이요, 셋째, 그 많은 맛있는 요리 다 못 먹어 보니 원망인 것이다.

요리 하면 역시 중국 요리가 세계적이다. 북경엔 오리 요리가, 산동엔 자장면이, 광동엔 쥐·개구리·뱀 요리가 유명하다. 상해 음식은 달고, 호남성 사천요리는 맵다. 고추를 많이 넣기 때문이다.

벼, 밀감 재배, 삼롱차로 유명한 여포(藜浦)시를 통과 양삭에서 아침을 먹으니, 그때가 10시 15분, 또 천하의 절경 계림(鷄林)이 얼마 남지 않았다 한다. 양삭 식당에서 바라보이는 산봉우리, 저 장가계, 원가계에서 본 기암봉이 또 여기에도 있다. 땅이 넓은 중국, 후진 데도 많지만 볼거리가 많아 참 부럽다. 바야흐로 중국은 개방의 물결 타고 세계 각처의 사람들을 불러 모음으로 날로 눈부시게 발전하고 있음도 알 수 있다.

　오늘날의 여행은 보는 데서만 그치는 것이 아니다. 직접 보고 들음은 물론 먹어 보고, 만져 보는 등의 체험하는 데서 그 진수를 느낄 수 있는 것이다. 그런 의미에서 오늘의 계림(鷄林) 이강(호)에서 선유는 절정이었다. 엊그제 장가계, 원가계, 보봉 호수에서 신선 아닌 신선처럼 지내다가, 오늘 다시 계림 이강에 떠서 아름다운 자연을 벗해 보니 꿈인지 생시인지 분간이 안 간다.

　이번 광활한 중국 대륙 여행은 나로 하여금 견문을 넓히고 지혜를 쌓게도 하였지만 나의 극기(克己)를 시험해 보는 좋은 기회이기도 하였다.

상유 천당

밤 10시 50분에 계림(桂林)시 양광 국제공항에 도착하여, 다음 코스 상해(上海)시로 가기 위해 밤 11시 50분 발 비행기를 탔다.

1시 35분 상해(上海)시 포동(浦東) 공항에 도착한 우리는 새 가이드 이광호의 안내에 따라 바로 여관 향흥 호텔에 들어가 하룻밤의 휴식을 취했다.

중국 여행, 오늘의 주 코스는 소주(蘇洲)에 있는 명소이다. 8시 여관을 나온 우린 관광버스를 타고, 바야흐로 눈부시게 발전하고 있는 상해 시가지를 바라보며 소주로 향했다. 우뚝우뚝한 고층건물이 우후죽순처럼 솟아 있는 상해는 10년 전에 와 보았을 때보다 훨씬 더 깨끗하고 활기가 넘쳤다. 그때 가 보지 못한 곳을 간다니 또한 기대가 된다. 오늘은 소주의 졸정원(拙政園)을 먼저 가기로 했다.

중국인들 사이에는 "소주에서 태어나고, 항주에서 살고, 유주에서 죽고 싶다"고 하는 말이 있다. 그만큼 소주는 자연경관이 아름다운 곳이요, 항주는 기후가 좋아 살기 좋은 곳이요, 유주는 재목이 많아 죽어도 널 걱정이 없는 곳이기 때문이다.

소주는 "하늘에는 천당이 있고, 땅에는 소주와 항주가 있다"라는 말이 있을 정도로 항주와 함께 중국에서 자연경관이 아름다운 곳으로 손꼽히는 곳으로 양자강 삼각주 평원 위에 자리 잡고 있으며, '동양의 베니스'라는 명칭을 가지고 있는 유명한 물의 도시이다. 정원과 물로 대변되는 중국 남방의 대표적인 도시이기도 하다.

중국의 오랜 역사 문화 도시 중 하나인 소주, 동남부 최대의 도시로 번영하여 '사주지부(絲綢之俯:비단의 도시)', '어미지향(魚米之鄕:바다가 가까워 살기 좋은 곳)', '원림지도(園林之都:정원의 도시)' 등으로 칭해진 곳, 비단, 음식, 정원으로 유명하다니 가기도 전에 가슴이 설렜다.

오전 무더운 태양 아래 첫 도착한 곳, 졸정원(拙政園). 그 입구 출입문을 들어서니 연꽃이 가득한 연못과 수목 사이 여러 형의 건물이 어우러진 정원 하나가 전개되었다. 소위 말하는 그 유명한 졸정원(拙政園), '졸자(拙者)가 정치를 한다'는 의미에서 붙여진 이름이라 한다. (졸정원이란 이름은 진나라의 반악이 쓴 글 가운데 '채소밭에 물을 주고 채소를 가꾸는 것도 보잘것없는 사람들의 위정이다.'라는 글귀가 있는데 여기에서 따온 것이다.) 그 규모의 거대함, 아기자기한 건물은 과연 고관대작이나 부자가 아니면 지을 엄두를 못 낼 곳이었다.

졸정원은 원래 당나라의 시인 육귀몽의 집이었다가 원대에 대광사로 바뀌었던 것을 명(明)대에 고관을 지낸 왕(王) 헌신이 중앙에서 뜻을 이루지 못하고 고향에 돌아와 칩거할 때 개축한 것이었고, 그 아들 곧, 우리나라에 비단장수 왕 서방으로 잘 알려진 자가 비단 장사를 하여 거부가 된 뒤, 그의 유흥을 즐기기 위해 확충한 유원지였던 곳이다. 왕 서방은 주색잡기에 능한 자로 술과 도박으로 살림을 축내기도 했다 한다. 그가 거닐던 숲속 오솔길, 정자, 집무실, 안집은 하나의 자연 속에 낙원 같은 곳이라고 해도 좋을 정도였다. 술과 돈 밖에 모른 그는 결코 중국인들한테도 인심은 얻지 못한 인물이라 한다.

비단 장사로 거부가 된 왕 서방이 살았던 정원을 구경을 했으니, 그 비단 생산 공장을 안 갈 수 없지 않은가? 시내에 위치한 비단 공장, 입구 내실에는 온갖 비단 제품으로 만든 옷가지를 파는 판매장이었다. 계속 공장 안쪽으로 들어가니, 실을 뽑는 기계가 움직이고 있고, 더 안쪽에는 아낙들이 그 능숙한 솜씨로 누에고치를 손질하고 있었다. 누에고치에서 나온 실로 만든 비단과 솜은 온갖 물감과 재단에 의하여 아름다운 의상이나 이불 등으로 탈바꿈되어 많은 관광객의 이목을 집중시키고 있다. 우리 집사람도 이불솜 한다고 누에솜 한 뭉치를 산다. 어찌 우리 집뿐이겠는가.

오후 1시경 점심을 먹고, 다시 차를 타고 가 도착한 곳이 시내에 있는 호구산. 그 산에 있는 호구탑 답사, 그 우뚝한 탑이 약간 기울어 있는데 이것이 40m 높이의 언덕에 세워진 47.5m의 탑으로 수나라 때 지어진 것이다. 소주에서 가장 쉽게 눈에 띄는 건물로 몇 차례 보수 공사에도 불구하고 북서쪽으로 약간 기울어져 있다. 지금 탑 내부는 출입 금지니, 탑 지키는 스님이 없는 지는 오래다. 중국의 절에는 스님이 없는 곳이 대부분이다. 종교 자유가 허락된 듯하나, 강제로 선교하면 처벌을 받게 되어있으니, 어찌 사찰이며 종교가 번창할 수 있겠는가.

호구산 출구에 있는 와불(臥佛)-사바세계의 번거로움도 아랑곳하지 않고 천년 단잠에 빠져 있는 모습은, 온갖 속세의 명리와 물욕에 허우적거리는 인간을 보고 비웃는 듯도 하였다.

  허허로운 호구탑 구경을 마치고, 또 간 곳이 한산사, 경내에 들어서니, 코를 찌르는 이상야릇한 향내, 법당 안을 들여다보니, 금불상이 안치되어 있고, 그 울긋불긋한 불상과 장식(벽화) 등 앞에 엎드려 108배 하는 스님과 속세인(불자)이 오랜만에 눈에 띈다.

  한산사는 남조 양(梁) 천감(天監) 연간에 지어진 사원이다. 현재의 건물은 일부 파괴되어 신해혁명이 일어난 해인 1911년에 다시 지어진 것이다. 원래 명칭은 묘보명탑원(妙普明塔院)이었으나 당대 고승인 한산자(寒山子)가 이곳에서 머문 후에 그의 이름을 따 한산사(寒山寺)로 바뀌었다. 이 절은 1500여 년 동안 5번이나 불이 났다 한다. 1985년 이 절 복원의 재원이 일본인 불자(佛者)들의 적극적인 지원으로 이루어졌다 하니, 일본인의 불심도 대단한 것 같다.

  만리장성, 장강 댐, 경하 대운하의 3대 기적 중 대운하의 고장 소주의 관광을 마치고, 다시 상해로 돌아왔다. 상해시의 가장 변화가인 남경로의 밤거리를 산책하고, 황포강 야경을 보니, 그 찬란한 불빛은 현대 중국의 고속 발전상을 본 듯하다. 어두운 밤의 현란함에 고단한 발걸음도 잊고 홍교 빈관에 들었다. 내일은 마지막 여정인 상해 시내 관광이 남아 있다.

상해
- 임시정부 청사

 오늘은 중국 여정의 마지막 날이다. 좀 시간적 여유가 있었다. 오전 11시 30분경, 먼저 찾은 곳은 상해시 마당로에 있는 306호 상해 임시정부 청사다. 십여 년 전에 왔을 땐 아래층 사무실만 보았으나, 이번은 이층 기념관까지 모두 볼 수 있었다. 일제 식민지 시절, 많은 애국지사들이 이국땅에까지 와서 나라를 되찾을 궁리를 하고, 왜와 혈투를 벌이면서 국가의 명맥을 지켰기에 오늘의 조국은 건재하지 않았는가 싶다.

 1919년 3월 21일, 임시정부 대통령에 손병희, 부통령에 박영호, 국무총리에 이승만, 내부에 안창호, 군무에 이동휘, 재무에 윤현진 등 역사 교과서에서 익히 들은 애국지사들이 아닌가! 나라는 망했어도, 결코 잃어버린 것은 아니니, 탈취해 간 도적과 싸운 것은 당연한 도리가 아닐 수 없다.

 상해는 단순한 중국의 근대 문명 도시로서 의의가 있는 것이 아니라, 우리 민족의 구구의 터전이었으니 곳곳마다 관심과 애정이 묻어났다. 원래 상해는 양자강 하구의 어촌에 불과하였으나 아편 전쟁 이후 영국에 의해 개항되면서부터 국제적인 항구 도시로 탈바꿈하게 되었다. 영국, 프랑스, 미국, 일본 등 열강에 의해 계속 조차 지역으로 계승되었던 이곳은 오늘날 한 나라의 문화와 교육의 중심지로서 뿐만 아니라 과학, 무역, 산업, 기술의 중심 도시로 눈부시게 발달되어 왔다 하겠다.

다시 애국지사 윤봉길 의사의 의거지 홍구공원은 중국 현대문학의 아버지라 할 수 있는 '노신'의 이름 따 '노신공원'이라 부르고 있었다. 일제가 전승의 기념을 축하하는 행사장에 들어가 수류탄을 던지므로, 당시 백천 대장 등 일본 군 장성을 폭사시켰던 것이다. 이를 계기로 국내는 물론 세계 각처에서 애국 열혈들이 결사 항전을 펼치게 되었으니, 제국주의 일제도 위축되지 않을 수 없었다.

공원 내 조그마한 유적 기념관이 한 서린 당시의 역사적인 사실을 증언하고 있어, 더욱 찾아오는 동포들의 가슴을 여미게 했다. 기념관 '춘추관'에 들어가니 윤봉길 의사의 흉상이 근엄하게 우릴 맞이한다. 또한 1932년 10월 10일 동경에서 일황 독살의거를 전개한 이봉창 열사의 사진 기록은 보는 이로 하여금, 눈시울을 적시게 했다.

고단함도 모른 채 흥청거리는 상해시 최대의 번화가 남경로를 걸으면서 공산주의나 자본주의나 하등 다른 것을 못 느꼈다. 지금 공산 중국은 이미 그 허물을 벗고, 자본주의의 진수를 맛보고 있는 것이다. 논밭 등 경작지 대여 5, 60년, 주택 임대 60년, 그리고 계약이 끝나면 다시 재임대해 주니, 사유제도나 다를 바 없다. 중국의 정치 지도자들은 너무나 현명하다는 생각이 든다.

눈부시게 발전하는 외탄 거리에서 휘황찬란한 야경을, 세계 각처에서 온 듯한 군중 틈새에 끼어 중국의 현실을 목도하니, 인류는 동질감을 본래 지니고 있음을 실감할 수 있었다. 인간은 결국 살기 위해서 태어난 것이지 주의나 이념을 위해서 태어난 것은 아니라고 말하고 싶다.

이제 아쉬운 발걸음을 접어야 할 시간이다. 6박 7일 마지막 날, 다시 고국의 품으로 돌아가기 위해 푸동 국제공항으로 갔다. 오후 4시 20분 발 비행기다. 한 2시간 반 하늘에 머물면, 곧장 인천국제공항에 도착한단다.

상해는 일찍이 우리 민족의 애한을 함께 해온 도시라는 생각이 들어 더욱 정겹다. 잃은 나라를 되찾기 위하여, 독립투사들이 모이고, 임시정부까지 만들어 구국의 터전을 세움으로 조국 광복의 영광을 맛볼 수 있지 않았나 한다. 이민족까지 품에 안아 준 상해는 10여 년 전 어두침침했던 거리가 이제는 놀라울 정도로 깨끗하고 멋있는 거리로 변모하고 있었다. 높은 빌딩, 다양하고 웅장한 모습은 미래의 중국이 어떠하리라는 것을 능히 짐작케 했다. 멀지 않아 서방 국가를 누르고 경제 대국이라는 무서운 나라가 될 것이라고 보니 말이다.

일본 땅에 발을

7월 14일, 날씨는 계속 쾌청이다. 어제로 일주일 동안 중국 여행을 마치고 오늘부터는 일본 여행에 들어섰다. 말로만 들었던 일본, 가깝고도 먼 일본, 일제 강점기 40여 년의 치욕이 생각나고, 임진왜란 때 우리 민족을 만신창이로 만든 쪽발이, 게다짝 같은 일본을 구태여 보고 싶지 않았지만 2차 대전 당시 원자폭탄을 맞고 폐망한 이후 다시 불사조처럼 일어나 세계 제일가는 경제대국으로 발돋움하고 있는 저들의 참모습을 직접 눈으로 확인하고 싶은 심정은 어찌할 수 없었다.

한때는 일본어만 들어도 거부감을 일으키던 일본이, 이제는 언제 그랬느냐는 식으로 내왕이 빈번하고, 일본말이 난무하고 일본 사람 모습이 무분별하게 방영되고 있는 판국이 되었다.

아! 세월은 이렇게 모든 것을 잊게 하는가. 인간은 본래 망각하는 동물인가! 아직은 모든 것을 잊기에 너무 시기가 빠르지 않은가. 와신상담(臥薪嘗膽)을 했다는 오왕 부차의 넋두리는 구식 케케묵은 진부

한 역사의 잔소리란 말인가.

　가깝고 먼 나라, 이웃 일본 섬나라를 조금치라도 알기 위해 나는 설레는 마음으로 비행기에 몸을 실은 것이다. 이제 남은 여정 4일 동안으로 일본 전역을 다 볼 수는 없다. 일본은 아시아 대륙의 동쪽 끝 북태평양에 있는 섬나라다. 혼슈(本州)를 비롯하여 홋카이도(北海島), 시코쿠(四國), 규수(九州) 등 4개국의 큰 섬이 4천 개의 작은 섬들과 함께 북쪽의 홋카이도로부터 남쪽의 오키나와까지 약 총면적은 377,801㎢, 인구 1억2천1백5십만 명('86)으로 우리나라 거의 배 인구가 된다.

　기후는 춘하추동 4계절이 뚜렷하며, 남주제도를 제외하고는 우리나라 남부지방과 비슷하나 겨울이 비교적 짧고 여름이 긴 북반구 온대 기후 권에 자리 잡은 나라다. 봄, 가을에는 바람이 불고 흐린 날로 날씨의 변화가 많은 편이며 6월 초, 중순에는 장마가 시작되어 7월 중순까지 약 1개월 간 계속된다고 한다. 일부 산간 지방을 제외하고는 연중 온화한 기후로 피서, 피한이 모두 적합한 곳이다. 겨울의 중부나 북부지방은 눈이 많이 와서 스키와 스케이트를 즐길 수 있고, 남쪽 지방은 겨울에 햇살이 따뜻한 전형적인 온대 몬순 기후이다.

　일본 역사의 기원은 여러 가지 설이 있지만, 통치 체제를 갖춘 국가로 발전하기 시작한 것은 7세기 초의 제국왕실 때이다. 나라(奈良), 헤이안(平安) 시대를 거쳐 12세기에 일어난 무가(武家) 사이의 패권 싸움이 끝난 후 전국 시대로 들어가 1600년부터 약 300년 간 패자(覇者)인 장군이 실질적인 통치를 하는 도쿠가와 바쿠후(德川幕府) 체제가 계속되었다. 이로써 왕은 상징적이고 형식적인 통치자로 권한

이 줄어들었다. 1868년 젊은 메이지왕(明治維新)이 제국 군주제를 부흥시키면서 서양의 정치와 경제제도를 도입하고 1894년 청일전쟁, 1905년 러일전쟁에 승리함으로써 열강의 지위에 올랐다. 제2차 세계대전 때는 독일, 이탈리아와 주축을 이루어 동맹을 맺고 연합국과 싸웠으나 1945년 패전하였다.

대전 후 미국의 점령 통치를 거쳐 1952년 미·일 강화조약으로 독립을 되찾아 오늘에 이르기까지 정치체제는 의회 중심의 내각책임제로 이어오고 있으며, 급속한 경제 발전과 공업화로 경제대국이 되었다.

일본의 인구는 1987년 약 1억2천1백6십만 명으로 세계 6위이다. 인구 밀도는 1㎢당 325명으로 세계에서 인구밀도가 가장 높은 나라들 가운데 하나이다. 홋카이도와 사할린 동북쪽 섬에 사는 소수의 아이누족을 제외하면 야마토(大和) 민족만의 단일국가이며, 언어는 거의 모두가 일본어를 사용한다. 도쿄를 중심으로 한 간토(關東)지방은 표준어를 쓰고, 오사카, 오키나와 지방에서는 사투리가 심하다. 그리고 홋카이도에 있는 아이누족의 노인들은 아직도 아이누어를 쓴다.

문자는 가타카나와 히라가나가 있고 한자를 함께 쓴다. 획이 단순한 정자인 가타카나는 주로 외래어를 표시하는데 많이 쓰이고, 한자는 음독(音讀)과 훈독(訓讀)으로 나누어진다. 일본인은 일상용어나 표현에서 외래어를 많이 쓰고, 특히 일본식으로 줄여서 쓰는 경우가 많다.

종교는 일본 특유의 신도(神道)와 불교를 많이 믿고, 기독교의 개신교, 가톨릭, 그리스 정교와 그 밖의 종교도 있다. 메이지 유신 이후에는 천리교, 금광교, 창가학회 등 많은 신흥종교가 민중의 종교 심리에 편승하여 발전하고 있다.

　지진이 많이 발생하는 환태평양 화산대 일부로 화산과 지진이 많은 일본열도, 반면에 온천도 많으며 화산 지형의 특유한 풍경을 이루고 있다. 산은 험하고 평야는 좁아 우리나라 산세와 별반 다를 바 없다.

　8시에 북경을 출발한 비행기는 오후 2시 13분에 무사히 오사카 공항에 안착했다. 공항 출찰구를 나오니 일본 땅 전속 가이드 이 양이 우리 일행을 정중히 맞이했다. 가이드 이현숙 양은 한국인으로 나이가 41세나 되는 올드미스였다. 일본에 와서 가이드 노릇한 지 7, 8년 된다고 한다. 타고난 안내인 같았다.
　오사카는 일본 제2의 도시, 1583년 도요토미 히데요시가 오사카 성을 쌓고 새로운 정치체제를 형성한 뒤부터 급격히 발전하였다고 한다. 오사카는 우리 교포가 많아, 특히 친근한 느낌을 갖게 하였으며, 상업 도시로 한때 동양의 '베니스'라고 할 정도로 운하와 수로가 많았는데, 근래에 와서 공업 도시의 성격을 추가하여 '동양의 맨체스터'라고 불리기도 한다 했다. 백화점, 쇼핑가, 음식점 등이 즐비하며, 대도시답지 않은 정연한 도로와 현대식 고층빌딩 등 깨끗한 면모가 인상적이었다.
　오늘 밤에 머물 '국제호텔'에 짐을 푼 우리는 호텔 내 식당에서 간단히 점심을 먹고 관광버스에 다시 올랐다. 일본말과 한국말을 섞어가며 청산유수 격으로 줄줄 소개하는 가이드 이 양의 노련미는 한 직업인으로의 자질이 확립된 것 같았다. 친절한 일본 관광버스 기사, 항상 상냥한 일본인들이 친절하다는 말을 듣고, 그래서 손님을 끌어

들여 세계 시장 어디에서고 상권을 지키는 것이 아닌가. 말로만 들었던 일본인의 친절성을 직접 실감할 수 있었다.

관광버스도 세련되고 매끈하게 보였다. 거리를 달리는 일제 차들도 '일제가 좋다'는 선입견 때문인지 더 윤기가 나고 잘 구르는 것 같았다. 중국에서도, 중동에서도, 미국, 구라파 등지에서도 판을 친다고 하는 일본 제품, 과연 가지고 놀기 좋게 만들었고, 쓰기 좋게 만들어 놓았다. 기술인을 우대하는 일본인의 전통을 우리는 겸허하게 배워야 할 것이 아닌가.

우리 사회를 전통 양반 사회라도 외쳐대는 우리나라 사람들은 한 번쯤 반성해야 해야 되다고 본다. 양반이랍시고 양손을 허리춤에 꽂거나, 뒷짐을 지고 멀거니 일하는 사람 몰골이나 쳐다보고, '잘 하네 못 하네' 하며 시시비비나 하는 모양은 얼마나 비생산적이며 반민주적인가. 손에 흙 묻고, 땟국 잘잘 흐르는 노동자를 보고 무시하고 천대하던 과거 봉건적인 양반 행위야말로 악폐 중에 악폐가 아니었던가.

대일 감정이 악화된 몇 년 전까지만 해도 가 보기가 두렵고, 생각하기만 해도 치가 떨리던 일본인들이라 여겼지만 언제부턴가 한일회담이 열리고, 과거를 청산하자는 목소리가 높더니, 이제는 이웃 우방 국가로서 내왕이 빈번하고 문물교류도 활발한 세상으로 탈바꿈했으니 세월이란 역시 무상한 모양이다.

막상 일본 땅을 밟으니 섬나라란 생각은 들지도 않고, 소나무가 많은 높고 낮은 산은 우리나라에 온 듯하다는 느낌이 들었다. 거리의 현대화된 건물, 상가 모습, 네모 반듯반듯한 높은 빌딩, 작은 주택 모습도 모두 서구화되어 우리나라 도시의 모습과 별반 다를 바

없었다. 아스팔트 포장 도로, 횡단보도, 차선 표시, 신호등 체계도 우리나라와 비슷하였다. 아주 다른 것은 차량들이 좌측통행을 했고 운전석도 차 오른쪽에 위치하고 있었다는 사실이다. 이 점은 가까운 이웃 나라이면서도 이렇게 다를까 하는 생각이 들었다. 미국 등 서양이 그런다고 하는데 서구 문화에 민감한 일본인들의 약삭빠른 행위 같았다.

 그럼, 일본 특유의 모습은 어디로 갔을까. 이제 겉으로만의 모습으로는 일본을 알 수 없을 것 같았다. 속마음, 씀씀이, 행동 하나하나에서 그들의 참모습을 발견해야 될 것이다. 얼른 보아 잘 정리된 거리, 지저분한 곳이라고는 거의 눈에 띄지 않는 도심에서 우선 일본, 일본 사람을 알 수 있을 것만 같았다. 안내양 말에 의하면, 일본은 도시 교통 문제는 완전 해결하지는 못했지만 꽤 성공한 편이고 오늘날 전 지구적으로 가장 문제시되는 공해 문제, 쓰레기 문제는 거의 성공했다고 했다. 그들은 쓰레기 분리수거를 오래 전부터 실시하여 오고 있었고, 우리나라와 같이 문제시되는 음식 찌꺼기는 거의 나오지 않고, 다만 종이 쓰레기만 문제시되다가 최근에는 분리수거를 잘하여 재활용으로 쓰고 있다 했다.

 우리가 일본에 온 때가 마침 긴 장마가 끝난 무렵이라서 맑은 날씨가 계속되었다. 해양성 기후라서 그런지 무더운 날씨도 아니었다. 오늘은 일본 유수의 명사찰 사천왕사를 탐방하기로 했다. 일본도 옛 유적지로는 역시 사찰과 성(城)이 유명했다.

 일본에 불교가 들어온 때는 538년 근명천왕 시대로 백제로부터 유입되었다 한다. 아소카사가 가장 오래된 절이라 한다. 당시에는 두 세력이 대립하고 있었는데 외래 종교를 환영하는 백제 도래인계인

소아가 가문과 외래 종교를 반대하는 물부가 가문이었다. 이들은 49년간이나 종교 전쟁을 펼쳤다고 한다. 결국 소아가 가문에 의해서 불교가 장려되고 물부가에 의하여 일본 토속 종교라 할 수 있는 신사(神社)가 발달했다고 보겠다. 종교 전쟁은 587년에 끝장이 났는데 불교를 지지하는 성덕태자가 목조 사천왕을 세우고 '종교 전쟁에서 이기면 사천왕사를 짓겠다'고 정성을 다하여 빌었기 때문에 이기는 결과로 끝났던 것이다.

일본에 있는 절로는 백제 도래인에 의하여 건립된 법흥사가 유명하고 고구려 담징이 와서 그린 벽화가 있는 나라 현 호류사가 유명한데, 이 절은 1945년 공습으로 파괴되었다. 현 철근 콘크리트 건물은 30년 전에 재건한 것이라고 한다.

오사카에 있는 사천왕사는 593에 세워진 절로 일본에서 가장 오래된 관사(冠鯊)라고 했다. 옛 모습 그대로 중문, 오층탑, 금당, 강당을 일직선상에 배치한 사천왕사식 가람이 중심을 이루고 있다. 이러한 가람 배치는 백제의 것과 흡사해서 백제 불교의 영향을 받은 것으로 추측된다. 특히 이 절 오층탑 지하 법당에는 위패가 가득한데, 돈 있는 사람은 400엔짜리 큰 금불을, 돈이 없는 사람은 150엔짜리 금불을 위패로 모셨다. 셀 수 없을 정도로 많은 사람이 금불로 현신하였고, 앞으로도 모실 수 있는 자리가 비어있었다. 어떻게 보면 이 절은 이런 식으로 절 유지 경비를 염출하지 않는가 하는 생각이 들게 했다. 죽은 사람을 대상으로 하여 사업을 하는 느낌이 들어 속세인의 공연한 생각을 떨쳐버릴 수 없었다.

일본의 절은 특이한 것이 우리나라 절처럼 기둥이나 서까래에 단청이 없었다. 각진 기둥에 짙은 밤색이 칠해 졌다. 단순미 그대로라 할까. 우선 간결하여 복잡하지 않아 좋다. 절 경내 구석에 라면 박스 같은 것을 깔고 있는 성인 거지가 보이는데, 일본 같은 부국에 거지가 많이 있다니 희한한 생각이 들었으나, 아무튼 절 경내에 스스럼없이 거지가 기거할 수 있다는 사실이 달리 생각되었고, 존경스럽기까지 했다. 이 풍속은 일찍이 자비심이 많은 성덕태자가 절을 양로원으로 운영했기 때문이요, 지금까지도 절은 유일한 거지의 유일한 안식처라 한다. 자비로우신 부처님이 지금도 살아 세상을 눈여겨보시는 것 같은 느낌이 들었다. 재산 때문에 중들끼리 싸움이나 하는 우리나라들을 생각하면 일본 사람들이 오히려 인간적인 따뜻함이 느껴졌다.

(화순문학, 1994년, 제6호)

오사카에서

7월 15일, "오하요우고자이마스!(안녕히 주무셨어요!)"보다 "모르가리 마가!(돈 많이 벌었느냐!)"라는 아침 인사말이 어울린다는 오사카 아침에 산뜻하게 눈을 떴다. 계속되는 노독도 하룻밤만 지나면 말끔히 씻긴 듯 사라진다. 오늘도 일본 제2의 도시 오사카시 명소 탐방을 하리라는 기대에 마냥 가슴이 설렌다.

좁은 현해탄을 사이로 가깝고도 먼 나라였던 일본, 오랫동안 먼 옛날로 거슬러 올라가면 임나일본부설을 들어 우리의 자존심을 건드려왔고, 고려시대까지는 해안에 자주 출몰하여 살상과 약탈을 일삼아 왔던, 왜놈이란 이름으로 통해왔던 그들.

드디어 조선 선조 때에는 '진명가도(進明假道)'라는 말로 허튼 수작을 하며 쳐들어와 한반도를 쑥밭으로 만들었고, 드디어는 제대로 싸움 한 번 않고 깡그리 우리 국토를 삼켰던 저들, 철천지원수라고만 생각되던 그 악감이 언젠간 누그러지고 이제는 우호라는 이름으로 다시 왕래하기 시작하더니, 인류 최초로 원자탄을 맞고도 다시 불사조처럼 살아나 세계에서도 부러움을 사는 경제 대국으로 군림하고 있다.

정작 다시 정신 차려 저들을 능가하고 살아야 할 우리가 아직도 정신 차리지 못하고 자립도 못한 채 '일본을 알자', '일본을 배우자' 하는 심정으로 원수 아닌 우정의 땅에 발을 디뎠으니 귀는 귀대로, 눈은 눈대로 총동원하여 저들의 구석구석 볼 만한 곳을 눈여겨보고 가겠다고 다짐하며 단순한 관광 아닌 탐방 길에 나섰다.

차로 오사카 시립 석양구 중학교에 들어섰을 때는 9시 25분경이었다. 회의실로 들어가니 미리 연락을 받아서인지 간단한 식단이 마련되어 있었다. 빵과 과자에 우유 하나씩이다. 점잖은 신상을 지닌 이 학교 교장, 시교위 의원 대료 한 분이 함께 임석하여 친절하게 맞이했고, 비교적 자상하게 학교 소개를 해주었다. 역시 통역은 노처녀 이 양이 맡았다.

길고 긴 칠판을 이용하여 월일, 시간, 장소, 내용, 책임자 등을 나타낸 생도활동 연락단은 학생 교육이 얼마나 실질적인가 하는 것을 보여주고도 남았다. 일본의 기본 학제는 6·3·3·4년제이고 중학교까지 의무교육이다. 정규학교로는 소학교, 중학교, 고등학교, 대학, 대학교, 단기대학, 전수대학, 각종 학교 등이다.

대학 입학시험은 치열하여 입학시험의 완화를 위해 1979년부터 국공립대학에서 공동 1차 시험제도를 도입하여 예비시험에 합격한 다음, 지망하는 대학에서 분야별 능력과 적성을 테스트 받는 독자적인 2차 시험 방법을 실시하고 있다.

1990년부터는 다수의 사립대학들도 이 예비시험제도를 채택하고 있다. 소학교에서 고등학교까지의 교과서는 교육과정 지침에 따라

민간 출판사가 제작하여 문부성의 검정을 받아야 하며, 각 학교에서는 이 중에서 채택하여 사용하고 있다.

1990년부터 시행되고 있는 개정 교육과정에서는 도덕교육을 중시하여 소학교와 중학교에서 주 1시간의 도덕 수업 외에 국어 교과서에 도덕성 함양을 위한 독본을 포함시켰으며, 학생들로 하여금 사회 규율 및 준수를 강조하고 지역사회에 대한 자원봉사 활동의 기회를 부여하고 있다.

중학교에서는 필수과목의 수업시간을 줄이고 선택과목 시간을 많게 하여 보다 많은 융통성을 부여하였으며, 학생들의 성적에 따른 반 편성 제도를 도입하였다. 또한 국제화 추세에 따라 영어 교육과 사회과 교육을 강화하였다.

일본에서는 초·중·고등학교 교사 양성 기관을 수료하거나 대학교의 교육부를 졸업하면 교사 자격증을 취득한다.

석양구 교장 구로이하이찌로 씨는 차분한 음성으로 학교의 제반 현황을 소개했다. 교육 내용은 보이기 위한 것보다는 실질을 숭상하는 것이 역력했다. 복도나 교실 내부에도 우리나라처럼 무엇을 써 붙이거나 게시해놓은 좋은 환경물은 없었다.

이 학교는 소화 22년(1974년)에 개교한 이래 현재는 각 학년 5반인데 남녀 공학으로 학생 수는 521명이라 했다. 우리 재일동포 자녀도 약간 명 재학하고 있다고 했다. 또 전 세계 학교와 교류를 희망하고 있고 상호 방문을 통해 교육 발전에 참고하고 싶고, 우호 증진에 노력하고 싶다고 했다. 그리하여 국제이해 교육을 중시하고 있었다. 우리나라가 역시 국제교육을 중시하는 것은 같은 시각에서 나온 발상이 아닌가 한다.

교육 방침으로는 기초학력의 충실과 자율학습 태도 육성, 풍부한 정서함양과 인간 존중의 정신, 상호 경애, 협력하는 집단을 육성하는 교육을 중시하는 것은 우리나라 교육과 크게 다를 바 없었다.

학교 특색으로는 학생들의 체력과 운동능력 향상에 두었고, 밀도 있는 학습지도에 역점을 두고 있는 것은 어느 학교나 추구하고 있는 당연한 것이며, 장애학생이 병원에 입원하면 교사가 출장 지도하는 세심한 배려를 아끼지 않는 것은 배울 바가 있었다.

학교 시설로써 가장 중요한 학교 운동장이 작은 데 놀랐으나, 학교마다 실내 체육관이 있고 옥상에 수영장 시설을 다 갖추고 있다니 얼마나 실질을 중히 여기는 소치인가. 방문 당시에도 수영장에서는 수영 학습이 열심히 진행되고 있었다. 역시 부러운 점이 아닐 수 없다.

함께 임석한 시교위 위원 대표 인사인 구로다 씨의 환영 인사말이 끝나고 교실 내외 순시로 들어갔다. 현관 입구, 복도, 교실 어디에고 꽃이 있는 화분이 하나도 볼 수 없다고 지적하자, 실내 페인트칠을 하려고 당분간 없앴다고 했지만 별로 그런 데 신경을 쓰고 있는 것 같지 않았다.

마침 순시할 때는 수업 중이어서 수업하는 선생님들에게 방해가 되지 않도록 조심스럽게 지나다녔지만, 선생님과 학생들의 활동 모습을 볼 수 있었다. 어떤 선생님은 앉은 채 수업을 하고 계셨다. 다만 입실하여 수업 전반을 보지 못해 아쉬웠지만 우리나라 교사의 수업 방법과 별반 다를 것 같지 않았다.

교실 후면에는 중학 역사 연대표가 붙어 있는 것을 볼 때 역사의식 함양에 힘쓰는 것 같고, 또 생활목표, 청소목표가 표시되어 있고,

일직자, 청소당번 표시, 교과목 시간표도 게시되어 있었다. 학급운영위원, 학급계 표시는 학급활동이 학생자치로 운영되는 것 같았다. 교실 전면에는 일본 지도, 세계 지도가 걸려 있기도 했다.

　복도 한쪽에는 여자 강의실이 있었고 교실 복도 쪽에는 수도시설, 걸레대가 시설되어 있었다. 미관은 안 좋았지만 실속 있는 시설임에는 틀림없었다.

　일반 사람들은 한국인을 끈기 있는 민족으로 보고 있으며, 일본은 고래로 한국으로부터 문화를 전수 받았지만, 지금은 한국으로 전수해 주는 느낌을 갖는다고 했다.

　일본 아이들도 가정파괴범 등 문제 청소년 등이 많아 사회문제로 대두되고 있다 했다. 외설도서 범람은 더욱 청소년의 일탈행위를 부채질하고 있다 한다. 사립학교를 제외한 대부분 학교는 남녀공학을 원칙으로 할 만큼 민주화된 사회였다.

　교사 대우는 일류기업보다는 못하나 중상에 속한다고 했다. 아무튼 차분한 가운데 실천 위주의 교육이 진행되고 있는 학교 분위기였다. 보이기 위한 전시물 등은 거의 볼 수 없는, 실제 생활해나가는 데 필요한 시설만이 눈에 띄었다.

(화순문학, 1995, 제7집)

호주 출발에 앞서

드디어 호주, 뉴질랜드 여행을 떠나게 되었다. 계획한 지 몇 년 만인가.

우리 세 가정은 언젠가 모임에서 같이 해외여행을 가 보자고 했다. 모두 동의했고 즉시 월부금을 붓기 시작했다. 아무리 돈이 많기로 한꺼번에 여행 경비를 마련하는 것은 쉬운 일이 아니기에, 몇 년을 두고 대비를 하자는 것이었다. 세 가정이 다 맞벌이 부부 교사이기 때문에 방학을 이용하여 여행을 할 수 있다는 생각이 들었다. 그런데 너무 오랜 기간 끌면 일이 잘 안 된다며, 금년부터 마음먹고 준비하자는 제의에 모두 합의하고, 정말 의욕과 부푼 꿈을 갖고 매월 돈을 준비한 것이다.

이 중 한 부부만을 제외하고는 해외여행을 거의 안 했기 때문이다. 윤 선생님 부부는 일찍이 여행을 많이 했고. 지금도 틈만 있으면 여행을 가곤 한다. 유럽 배낭여행도 다녀오셨고, 미주 여행도 이미 다녀오신 터이다. 해외 나들이를 한다는 것은 말처럼 쉬운 일은 아니다. 우리 가족 역시 이번이 처음이나 다름없었다. 박봉의 월급으로 생활하랴, 자식들 가르치랴, 집 장만하랴….

정말 그때그때 생활을 메워 나가는데 바빴다. 좀처럼 여유라곤 없었다. 그렇게 살아오기 몇 년인가. 인제 아이들이 대학도 거의 다녔고, 걱정할 것도 없다는 생각도 든다. 또 모임에 나가보면 외국에 한 번 안 갔다 온 사람보다는 갔다 온 사람이 많다고 할 정도였다. 교직이 아닌 일반 직장 사람들이 더 그랬다. 그들이 다녀온 나라의 풍물을 이야기할 때면 나는 기가 죽었고, 시대의 뒤안길에 처진 사람처럼 느껴졌다. 해외여행의 자유화 바람이 불어 닥친 덕으로, 사람들은 웬만하면 외국을 한두 군데쯤은 모두 다녀온 것이다.

덩달아 교육계도 해외 연수 이름으로 교사들을 해외를 내보내기 시작했다. 운 좋은 선두주자들이 먼저 시혜를 입고, 주국이며 구라파를 다녀왔다고 입짓들을 하지 않는가. 나도 3년 전에 한 대열에 끼는 행운을 맞아 중국 북경으로 해서 백두산을 구경했고, 일본도 오사카, 나고야 등을 구경할 수 있었다. 우리나라에 태어나 생전에 백두산에 한 번도 오르지 못하고 죽는 줄 알았는데 뜻밖에 구경할 수 있었으니 살다보면 궂은일만 있는 것이 아니라 좋은 일도 많이 있다는 말처럼 감개무량했다. 모두 국가의 덕으로 내 돈 한 푼 안 들고 다녀올 수 있어서 더욱 감사했다.

아내도 조금 뒤늦게 동남아시아 몇 개국을 다녀오는 행운을 안았었다. 아내가 연수를 갈 때는 일부 자기 부담이 주어졌지만 뜻깊은 해외여행이 아닐 수 없었다고 두고두고 말한다. 이제 50고개를 넘어 자비 부담으로나마 여행을 하고 싶었다. 넓고 넓은 세상 가 보고 싶은 곳이 많지만 한꺼번에 다 갈 수 없으니, 형편이 닿는 대로

가 보기로 마음먹었다.

　호주와 뉴질랜드는 가 보기 어려운 대륙으로 생각되었다. 이곳은 개발이 늦은 대륙으로 천혜의 자연 그대로를 볼 수 있다고 유혹해 드디어 7박 8일의 여행은 실현된 것이었다. 우등여행사에 여행 알선을 부탁했더니 우리 일행만 데리고 갈 수 없기 때문에 애초의 출발일은 어렵다고 날짜를 변경하자고 했다. 우리는 방학이지만 공무에 있는 만큼 여행 일자를 잡는 것이 쉬운 일이 아니어서 세 가정이 동행을 못하고 두 가정만 다른 여행단에 끼어가게 되었다.

　문 선생님 가족은 갑자기 둘째 딸 결혼 관계로 도저히 함께 갈 수가 없었다. 사실 그동안 우리 집 형편 때문에 몇 번을 뒤로 미루었었는데, 윤 선생님 가정의 연기 불가론 때문에 이번에 문 선생님 가정과 함께 하지 못해 미안한 마음을 금할 수 없었고, 마음 편한 여행이 되지 못했다. 이번 겨울 방학만은 세 가정이 단단히 별러 꼭 가기로 약속했었는데, 사람 일은 하루도 예측할 수 없는 일이 많지 않던가.

　서울 김포공항에서 밤 8시에 호주행 비행기를 타기 위해 오후 4시경 광주공항에 집결하기로 했다. 집에서 무거운 짐을 꾸려 가지고, 택시를 타고 광주공항으로 향했다. 아스팔트길은 눈이 녹았지만 산야는 흰 눈이 엷게 덮여 있어 마음을 설레게 했다.

　하늘에서는 가끔씩 작은 눈발이 세찬 바람과 함께 내리고, 전국적으로 폭풍주의보가 내린 상태여서 혹시나 비행기가 뜨지 못하면 어쩌나 염려했지만, 가끔 구름 사이로 얼굴을 내미는 햇빛을 보니 나의 염려는 하나의 기우에 불과했고, 광주공항에선 날씨 때문에 비행기가 못 가는 일은 거의 없을 거라고 했다.

같이 갈 일행들이 속속 도착을 했고 동행할 여행사 직원도 이미 나와 있었는데 세광여행사 원로가이드 중 한 분이라고 했다. 그분은 호주, 뉴질랜드를 여러 차례 다녀왔다고 한다. 가이드가 시원찮으면 해외에서 혹시 잘못되는 일이 있지 않을까 하는 생각이 들었는데, 가이드가 노련하다 싶어 한편 마음 든든했다. 우리와 함께할 일행은 주로 노 교장과 교사 내외분들로 이루어졌다. 이분들은 이미 한 친목계원들로 약 20여 명이 되는데, 이번에 해외에 가기로 약정해 놓고 몇 가족이 갑자기 급한 사정이 생겨 우리 두 가정이 합세하게 된 것이다.

오후 5시 15분에 기체는 광주공항을 이륙하여 무사히 그것도 정확히 6시에 김포공항에 도착했다. 이제 몇 차례 비행기를 타 본 뒤라 그런지 가슴이 설레거나 신기하게 느껴지지 않았다. 김포공항에서는 또 셔틀버스를 타고 제2청사로 가는 번거로움을 겪었다.

서울발 호주 브리즈번행 비행기는 밤 8시에 출발하였다. 서울에서 호주까지는 약 10시간이 걸린다고 했다. 약 5백여 명을 태울 수 있는 비행기는 빈자리가 하나도 없었다. 요즘 한국 사람들은 온통 호주, 뉴질랜드행이라고 한다. 밤 10시경 기내식이 시작되었다. 집에서 먹어 보지 못한 별식이다. 모두가 상품화된 음식을 먹는 것 같았다. 비닐 용기에 포장된 음식을 별미로 먹었다. 긴장 탓인지 기내에서 잠은 잘 오지 않았다. 밤 시간이라 잠을 청했지만 정신만 말똥말똥했다. 그러나 이 기체가 태평양 하늘 허허로운 공간을 날고 있다고 생각할 때 섬뜩한 감정을 버릴 수가 없었다.

호주는 우리나라보다 1시간 빠르다. 기체에서 이른 새벽을 맞이했다. 4시가 되니 황금빛 동이 터 오기 시작했다. 기체 내에서 새벽을 만나기는 처음, 더욱 하늘에서 해가 떠오르는 모습을 본다고 생각하니 감개무량했다. 기내로 스미는 햇살은 강렬하기 이를 데 없었다. 문득 창밖으로 시선을 돌리니, 커다란 사파이어 하나가 놓여 있었다. 기상에서 본 호주의 모습. 누가 말했던가, '진주'라고….

논스톱으로 날아온 비행기가 호주 상공에 접어들자, 곧 그 무거운 기체를 브리즈번 공항에 안착했다. 시간은 5시 15분. 긴 여행의 피로가 한꺼번에 몰려왔다.

비행기가 공항에 도착하니 잠시 앉은 채로 기다리고 있으라는 안내 방송이 무색하게 사람들은 옷들을 갈아입고 있었다. 갑자기 겨울에서 여름나라로 왔기 때문이다. 이번 겨울방학은 한 보름 동안 여름나라에서 시간을 보낼 수 있게 되었다. 나는 또 며칠 후면 동남아 여행을 하게 되어 있기 때문이다. 간밤을 기내에서 설치면서, 지리 시간에나 배웠던 미지의 호주는 하나의 현란한 문명의 나라로 다가왔다.

푸른 숲과 바다와 어우러진 브리즈번은 호주의 제3의 큰 도시라고 한다. 미국의 크기만 한 영토를 지닌 호주는 2백년 역사를 지닌 백인 이민국가다. 그러나 백인들이 이곳에 몰려오기 전에는 원주민인 마오족들이 평화롭게 살고 있던 곳이었다. 지금은 영국령 연방국가의 하나이며, 오랫동안 백인만이 이민해 와 살고 있었지만, 최근에는 개방정책으로 동남아시아인 외에 한국 사람들도 꽤 많이 이민해 와 있다고 한다.

호주는 태평양 남서쪽의 오스트레일리아대륙과 그 부속 섬으로 이루어져 있으며 6개의 자치주와 2개의 특별 구로 구성된 영국 연방정부이다. 인구는 1,674만 명(89년)이며, 언어는 영어를 국어로 사용하고 있다. 영어가 공용어이나 독특한 발음과 표현 때문에 익숙해질 때까지는 알아듣기가 좀 힘들다고 한다. 호주 인구 중 외국 태생인 21%의 절반 이상이 비영어권 출신이므로 이주민과 그 가족은 고유의 언어와 문화 전통을 보존하도록 권고하고 있다.

현재 천혜의 자연경관과 완벽한 복지국가 건설, 풍부한 자연 및 안정된 정치 등으로 서구 선진국의 하나로 인식되어 온 호주는 한반도의 약 35배 크기의 미국, 중국에 버금가는 큰 대륙 국가인데, 태고시대 융기와 침강을 거듭하면서, 오늘의 호주 땅 형국이 이루어졌다고 한다.

이곳 호주는 오랜 세월 동안 미지의 땅으로 태평양 폴리네시안 계인 마오족과 토레스 해협 토착민만이 평화롭게 살고 있는 원시의 불모지였는데 1770년 영국인 탐험가 제임스 쿡 선장이 호주의 동남해안 지역(현재의 시드니 근처)을 발견, 이 일대를 영국의 영토로 선언한 이후 1788년 아더 필립이 인솔한 죄수들로 구성된 최초의 이민단이 시드니에 도착하면서 동부 전체에 영국 주권을 선언함으로써 호주가 탄생했다. 그 후 1852년경 금광의 발견으로 이민이 쇄도하여 새로운 대륙은 도시국가로 변모하였고, 그 결과 식량 공급을 위한 농업이 발달하고 낙농과 목축업이 성하게 되었다. 1880년에는 전 유색인종의 배척 결의가 있었다. 1901년 연방제도가 성립되었으며 1904년에는 세계 최초의 노동당 내각이 성립되어 노동조건의 향상, 사회 보장의 충실에 노력하였고 1925년에는 캔버라를 수도로 정하면서 사실상의 독립국이 되었다.

(光州隨筆 1998, 통권 31호)

식물원 보타닉 가든에서

아열대 식물원인 보타닉 가든에 도착한 때는 9시 10분 전이었다. 이름을 알 수 없는 크고 작은 수많은 식물이 자라고 있는 이곳은 과연 지상 낙원이 여기구나 하는 생각이 들 정도였다. 숲속 동물원에는 호주의 명물 '나도 몰라'라는 캥거루가 많이 뛰어놀고 있었다. 뒷걸음을 절대 치지 않는다는 이 동물은, 길들여져서 그런지 사람이 가까이 가도 절대 도망가지 않았으며, 사람들이 주는 먹이를 받아먹으며 사람과 놀고 있었다.

물도 안 먹은 채 나뭇잎만 먹고 사는, 양순하기 이를 데 없는 코알라는 나뭇가지 사이에 찰싹 붙어 있다. 사람들이 어루만져도 꼼짝 않는 동물이지만, 사람들이 자주 만지면 스트레스를 많이 받으므로 절대 손대지 말라고 주의를 주었다. 이 동물은 고양이 만한 동물로 곰 같은 인상을 가진 유순하기 짝이 없는 동물이다. 유칼립투스 나뭇잎을 먹고는 취해 하루의 2/3시간을 나뭇가지를 안고 잠에 빠진다. 실은 이 나뭇잎 속에 알코올 성분이 많이 있기 때문이다. 여기저기 푸르게 자라고 있는 이 유칼립투스 티슈라는 나무는 이곳 명물 코알라의 좋은 먹이이다.

다시 차를 타고 다음의 목적지 골드코스트로 향했다. 도중 브리즈번 강가를 달리며 88년 이곳 엑스포 때 우리나라는 빈대떡을 출품하여 한국 국기가 게양되었다는 말을 듣고, 약 10년 전의 우리나라 위상과 지금이 이렇게 달라졌는가 하는 격세지감을 금치 못했다.

열대 과일 농장인 아보카도 농장을 들렀다. 아보카도 과일 나무가 많아서 이름을 그렇게 붙인 것 같다. 이 과일 농장에는 아보카도 과일 외에 맛이 좋다는 망고, 파타야, 스카이, 새포딜리아, 오렌지, 바마코, 잭프루트, 무화과, 배나무, 감나무, 자두도 있으며 바나나, 파인애플도 눈에 많이 띄었다. 비타민 C가 많다는 아세오도 있다. 사옴솜은 가시가 위험하다. 삶아 먹는 악치남보는 처음 듣는 이름이며, 아마존 나무, 아이스림빔도 생소한 이름의 과일나무다.

자보리캐카는 포도나무고, 마카다미아는 땅콩 비슷하다. 리치는 양귀비과 과일로 중국이 원산지다. 농장이 너무 넓어 트랙터를 타고 일주했다. 역시 농장 한쪽에는 양쪽 캥거루, 당나귀, 타조를 기르고 있다. 농장 늪지대 같은 호수에서 배를 타고 굽이굽이 도니 마치 별천지에 온 기분이다. 대농장을 관광지로도 개발하고 세계적 관광 명소로 자리 잡게 된 것이다.

골프 코스트는 아름다운 해변을 끼고 있는 해양 관광도시였다. 이곳은 브리즈번 남쪽 751km 지점에 30km에 걸쳐서 이루어진 황금 모래사장으로 호주에서는 물론 세계에서 손꼽히는 천혜의 해양 휴양지이다. 호주의 8번째 도시로 성장한 이곳은 인구 25만 명에 유동 인구가 3백만 명으로 유럽에 부유한 자들은 이곳에 와서 그들의 겨울 기간을 보낸다고 한다. 한국인도 3만여 명이 살고 있는데, 상권은 일본인이 거의 쥐고 있으니 경제 대국의 위력을 가히 알 만했다.

호주는 신용사회를 자랑하고 있으며, 월급은 주급인데 1/3이 세금이어서 저축하기가 어렵다 한다. 그러나 실업자에게는 실업 수당이, 과부에게는 과부 수당이 지불되니 얼마나 복지정책이 잘 된 나라인가. 1인당 국민소득이 1만 6천 불이나 실업률은 15%나 되니, 이 나라도 실업은 문제가 되고 있다.

셋째 날, 어제 운전기사와 안내양이 다시 버스를 몰고 왔다. '기데이 마인(Good Morning)' 하자 밝은 미소로 답례를 한다.

오늘은 조식 후 브리즈번으로 다시 이동하여 생츄리 코브 마을, 사우스 뱅크 등을 관광한 후 청기와 집에서 한식으로 점심을 먹는다. 그러면 이곳 브리즈번시의 관광은 마지막이다. 이제 비행기를 타고 시드니까지 가야 한다. 여기서 시드니까지는 2시간 30분 정도 소요된다. 세계 3대 미항 중의 하나인 시드니에 간다니 가슴이 부푼다.

아침밥을 먹자마자 펠리컨 비치로 향했다. 오염되지 않은 남태평양 물이 파랗게 넘실대는 이 해변에 도착하니 언제 약속이나 한 것처럼 일군의 하얀 새인 펠리컨 무리가 날아든다. 알고 보니 펠리컨 먹이 시간인 모양이다. 때맞추어 와 있는 차에서 사람이 내리더니 바구니 같은 그릇에서 생선을 꺼내 마구 던져준다. 갈매기와 범벅이 되어, 던진 고기를 채먹는 모습은 이미 숙달된 행동 같았다. 다 관광객에게 보이기 위해 훈련된 행위였던 것이다. 과연 관광 사업은 개발되는 것이구나 하는 생각이 들었다. 자연 그대로 보다는 자연을 이용하여 볼거리를 만드는 것이다.

호주는 초기부터 상당히 오랜 기간 백호주의(白濠主義)를 주장하게 되었는데 원인은 중국 사람 때문이라 한다. 150여 년 전 이민 온 중국인들이 이곳에 와서 밤낮을 가리지 않고 금을 캐 가자 유럽인들이 이를 미워하게 되고, 마침내 중국 광부들을 마구 죽이는 대폭동을 일으켰다. 그 후 일절 타민족은 입국을 불허하는 백호주의를 제창하게 되었다 한다.

최근에 이민법이 개정되어 아시아인들의 이민이 가능하게 되었다. 지금은 중국인, 동남아시아인, 필리핀인, 인도인, 아랍인, 심지어는 일본인, 한국인도 대거 이민해 오고 있다 한다. 그리하여 요즘 백인 국회의원 가운데는 다시 백호주의를 부르짖고 나오는 자도 있는데, 특히 베트남인의 이민을 강력 반대하고, 크고 작은 테러까지 자행되고 있었다.

우리나라 초·중등 학제 같은 12학년제는 초등 6년, 중등 6년제이다. 2년제 전문대가 있고, 4년제 대학에는 들어가기 쉬우나 졸업하기는 아주 까다롭다 한다. 2번 시험 낙방하면 자연 유급된다. 요즘 한국 유학생들이 이곳에 대거 몰리고 있는데, 어학연수란 명목으로도 많이 와 있으며, 안내양 홍 양 역시 2년제 전문대 관광학과에 다니는 충청도 아가씨였다. 음식점, 면세점 등에서 아르바이트를 하면서 유학하고 있는 학생도 만날 수 있었다.

호주는 광활한 대륙이다. 대륙 내부로 가면 사막이 발달되어 있으며, 여기에는 인구도 뜸하게 살고 있다. 야지 숲속에는 딩고, 캥거루, 원숭이 등의 동물이 많이 살고 있으나, 최근에는 유럽에서 들여온 토끼가 급속도로 번식하여 골치를 앓고 있다. 마치 우리나라가 유럽에서 황소개구리를 수입하여 기르다가 생태계가 위협당하고 있는 것처럼, 호주에는 이들 토끼를 잡아먹는 천적이 없어 기하급수로 번식하고 있는 현실이다. 퇴치에 안간힘을 쏟고 있으나 별 대책이 없다 한다.

　야생 개과에 속하는 딩고라는 동물은 코알라를 포식하는 비교적 사나운 동물로 인명은 해치지 않는 것으로 알았으나, 몇 년 전에 이곳에 놀러 온 목사 부부의 세 살배기 어린 여아를 잡아먹은 것으로 추측하여 이제는 살상개로 두려워하고 있다. 호주는 땅에 비해 인구가 적어 산아장려금을 지급하는데, 이 돈을 받기 위해 자녀 8명까지 낳아 화제가 된 여인도 있다 한다. 복지국가라서 그런지 미혼모도 국가에서 잘 지원을 해주어 아이를 잘 기르도록 한다.

　거리엔 웬 소나무인가? 소나무 같은데 우리나라 소나무는 정녕 아니다. 이름은 장카랜더라고 한다. 침엽수림이 틀림없다. 벤자민이라는 푸른 활엽수도 많은데 요즘 우리나라는 청정수라 하여 분재로 가꾸는 나무의 일종이다.

시드니에서

2시 15분 비행기는 제2의 목적지인 시드니를 향하여, 그 육중한 기체를 하늘 높이 들어 올렸다. 여기서 2시간 반 정도면 충분하다. 하늘에서 본 브리즈번은 해변을 낀 거대한 숲속 도시로 아름답게 보였으나, 이내 희미한 시계 너머로 사라졌다. 남으로 남으로 날아가도 내려다보이는 산천은 푸름뿐이다. 역시 큰 산은 보이지 않고, 낮은 구릉이 계속된 곡에 거미줄 같은 길이 일자로 보이기도 하고 가늘게 꼬이기도 하다 띄엄띄엄 도사리고 있는 마을 옆으로 달리고 있었다.

4시 40분경, 기체는 시드니 하늘로 접어들었다. 해안을 끼고 있는 도시 시드니 푸른 남태평양 물이 철썩이는, 완전 숲의 도시였다. 고층건물이 거의 보이지 않고 붉은색 지붕의 집들이 그림처럼 어우러져 쾌적하게만 보였다.

비행기는 시드니 공항에 안착했다. 빠른 수속을 끝내고 출구로 나오니 이곳 가이드가 대기하고 있었다. 30대쯤 되어 보이는 역시 교포 남자였다. 이름은 김형욱, 여기 온 지 10여 년이 되었다고 한다.

사실 호주 여행의 제일 목적지라 해야 할 곳인 시드니는 정말 와 보고 싶은 곳이었다. 세계 3대 미항 중의 하나라는 말에 더욱 끌렸겠지만, 정말 내가 이곳까지 올 수 있다는 데 대해 새삼 놀라움도 느껴졌다.

시드니는 인구 4백만으로 호주 최대의 도시이다. 포트잭슨만을 안고 발달한 이 도시는 세계에서 가장 아름다운 항구 중 하나로 시드니만의 오페라하우스, 하버브리지가 유명하다. 또 하이드 파크, 환락가인 킹스크로스, 10킬로미터에 달하는 본다이 비치, 코알라와 캥거루를 안아볼 수 있는 패더데일 야생동물원 등이 있으며, 시드니 서쪽 100킬로미터 지점에는 경관이 수려한 블루마운틴이 있다.

다음날도 시드니의 하늘이 맑아 관광을 나서기에 더없이 좋은 날이었다. 아침 일찍 일어나 아내와 나는 바위에 부딪히는 하얀 파도와 짙푸른 파도가 넘실거리는 남태평양을 바라보며 해변을 걸었다. 아침 바다는 제법 바람이 거세게 불었지만 상쾌한 기분이 들었다.

해변을 따라 한참을 걸었을 때 수영 금지를 알리는 붉은 깃발이 나풀거리고 있었다. 우리 부부는 남태평양의 어언 수평선을 한없이 바라보며 내 생애 두 번 다시 오기 힘든 이곳 맑은 공기를 마음껏 마셨다. 해변에는 아침 산책을 나온 사람들이 하나, 둘 더 늘어나기 시작했다. 바다 가운데는 경고의 깃발이 펄럭이는데도 파도타기를 하는 사람이 보였다. 어디를 가든 모험을 좋아하는 사람들은 어쩔 수가 없나 보다.

간밤에 묵은 스위스 가든 호텔은 꽤 큰 호텔이다. 아침은 이 호텔 레스토랑에서 현지식으로 식사를 했다. 외국에서 먹어 보는 이역 음식이지만 별미의 맛을 느낄 수 있어서 맛있게 먹었다.

9시경 호텔을 나와 이곳에서 가장 높은 산간지역인 블루마운틴을 주목적지로 해서 패더데일 야생동물원을 관광하기로 되어있었다. 사방을 둘러보아도 나지막한 구릉뿐 큰 산은 보이지 않는 나라, 때는 여름이라 수목이나 잡초들은 싱싱하게 윤기를 머금어 발랄한 아름다움을 더하고 있었다.

관광버스는 아침 일찍 호텔 앞에 나와서 대기하고 있었다. 크고 말끔한 차는 바퀴도 한 조가 더 있어 안전을 최대한 기하고 있고, 차안도 깨끗하기 이를 데 없으며 차 안에서는 고성방가를 금하고 있고 음식도 먹지 못하게 한다. 그만큼 깨끗하게 관리하고 있었다.

시가지를 지나니 빨간색 일색의 기와집들이 눈에 들어왔다. 빨간색이라고 하기보다는 주황색이라 하는 것이 좋을까. 1800년대 말부터 국가 방침으로 정했다니, 주택 하나, 도로 하나도 전체적인 국가 계획 속에 짓고 세운다는 것은 자연경관을 살리고 미관을 확보하는 일이 아닌가.

하늘에서 본 시드니는 바다와 육지가 잘 어우러진 아름다운 도시였으며, 세계 3대 미항 중의 하나답게 숲과 언덕, 바다 등이 조화를 잘 이루고 있었다. 집들은 낮은 울과 수목이 잘 자란 정원을 지니고 있고 큰 건물은 거의 보이지 않았다. 허물고 뚫어서 자연을 훼손한 곳이라고는 한 군데도 안 보였다. 해안도로는 구불구불 자연 형세 그대로다.

호주는 다민족의 특성을 모두 인정하고 존경하듯이 자연 그대로를 존중했다. 농작물에는 농약을 절대 사용 금지란다. 독한 농약을 사용하여 자연 파괴, 생태계 파괴를 가져올 수 없다는 것이다. 그래서 그 깨끗한 시드니의 도시에는 파리 떼가 득실거린다. 그러나 이 파리도 무공해 파리라 할 정도다.

　동부 해안가 언덕바지에 사는 사람들이 부유하다. 대저택, 넓은 정원은 집값도 수십억 원이어서 만만치 않다고 한다. 지구상에 남은 마지막 미개척의 나라, 땅의 크기에 비해 인구는 훨씬 적어 노동력만 있으면 누구나 잘 살 수 있다. 빈 땅이 많아 얼마든지 개간을 할 수 있어 노동자가 살기 좋은 곳이요, 사회복지제도가 잘 되어 있어 실업수당, 과부수당, 노인수당을 받고 있어 최저 생계유지에는 아무 걱정 없다. 그래서 지상의 낙원. 오염되지 않은 나라, 세계에서 가장 살기 좋은 나라로 자부하고 있다.

　반면 주급(월급제가 아님)의 34~45% 정도를 세금으로 납부해야 하는 것이 이 나라 국법이다. 죽을병에 걸리면 병원에서 무료로 치료해 준다 하니 돈 없으면 노상에서 죽어야 할 우리나라와 비교해 볼 때 하늘과 땅이다. 이 나라는 영국 여왕 구가의 연방이라 그런지 여권이 강하다. 남편이 여자를 구타하면 구속되며 이혼 시는 남편 재산의 3분의 2를 여자가 차지할 수 있다고 한다.

　시내버스는 국가가 운영하고 적자투성이지만 시민들의 편의를 위하여 어김없이 운영하고 있다. 주마다 법이 다르며 이 시 옥스퍼드 거리는 매년 2월 넷째 주에는 세계 동성연애자 축제가 열리는데 대성황이라 한다. 각국에서 온 젊은 사람들은 자기들 고유의 드레스인 옷차림과 몸차림으로 시가지 5킬로미터 이상을 전통음악에 맞춰 도보 행진을 하며 축제의 열기를 더한다고 한다.

　조지거리를 지날 때 120여 년 이상이 된 고색이 짙은 교회, 시청 건물이 눈에 띄었다. 고대와 현대가 함께 숨 쉬고 있는 도시다.

(光州隨筆 1999, 통권 32호)

캐나다로 출발을 위해

드디어 캐나다 여행길에 올랐다. 무안 박씨 시골 양반들 정말 오랜만의 나들이다. 아니 그것도 해외 나들이다. 시골에 살면서 밭떼기나 부쳐 먹고, 자기 동네가 세상의 전부라고 생각하며 살았던 아버지, 할아버지의 후예들, 그러나 지금은 다르다.

그 시골 동네가 언제부턴가 전깃불이 들어오고, 군내 버스가 다니기 시작했다. 10년이면 강산도 변한다고 했는데 10년도 아니고 몇 십 년 지났으니, 시골 고향은 옛 고향이 아니었다. 그 어렸을 때 고향 사람, 고향을 지키면서 사는 사람은 몇 안 되고 뿔뿔이 흩어져 지금은 몇 가옥 안 남고 말았다. 이제 이순 고개를 맞이한, 제법 머릿결이 희끗희끗해져 버린 양반들이, 제2의 고향인 타관 땅에서 틈틈이 모이고 만나 옛 정취를 되살려 보니, 고향 냄새가 살아난다.

어렸을 적, 비록 항렬은 차가 났지만 죽마고우처럼 지냈던 분들, 그러나 근 3, 40여 년 흩어져 지내다가, 다시 만나 한동네 사람처럼 다시 지내게 되었으니 잃어버린 고향을 다시 되찾은 듯도 하다. 오늘은 정말 한 고향, 그것도 자자 일촌 하고 사는 고향 사람들이 만나 오순도순 이야기하며 해외 나들이를 떠나니, 꿈만 같다. 그동안 벼르고 벼르며 돈을 모아 더 늙기 전에 비행기 한 번 타 보고, 나라 밖으로 훨훨 떠나 보자고 한 것이, 오늘 드디어 그 꿈이 실현된 것이다.

광주터미널 9시 발 인천공항행 버스는 가끔 비가 뿌리는 흐린 날씨 속에도 호남고속도로를 기분 좋게 달렸다. 일행은 네 가족 부부들. 본래는 다섯 가정이 모임을 갖고 해외여행이나 하자면서 기금을 몇 년에 걸쳐 마련해 왔지만, 이제야 겨우 실행에 옮겨진 것이다. 이번에도 한 분은 끝내 못 가고 말았다. 극구 동행을 요구했으나 사업을 하는 아들이 부도를 내는 바람에 빚 갚아야겠다고 사양해 버렸다. 아쉬움은 참 많았으나 생각해보면 그럴 만도 하다.

그분이야말로 가난한 집 넷째 아들로 부모로부터 맨손으로 재금을 나와 갖은 고난을 무릅쓰고 살림을 일구며 이제는 제법 알부자 말을 듣고 산 분이다. 시장 터 노판 장사부터 해서 지금은 광주 시내 한 요지에서 큰 슈퍼를 운영하고 계신다. 두 아들, 두 딸, 잘 키워냈으며, 형제간 중에서도 가장 성공한 분으로 여기고 있다. 하나 요즈음 자식들이 사업을 한답시고, 실패를 하자 좀 힘들어하시는 것 같다. 아니 그분은 돈 한 푼 모으기 위하여 택시 탈 때 버스 타고, 버스 탈 때 걸어 다니시는 분이다. 오므려 죄고 살기는 환갑을 넘기고도 마찬가지니 그 안 대모야말로 불만이 한두 번이 아니다. 여태 같이 벌었으니 이제 좀 편히 쓰고 살고 싶은 것이 여자들의 마음일 텐데, 남편은 조금도 이해를 해주려 들지 않는 것이다. 가끔 콩이야 팥이야 하고 다투시는 느낌을 많이 받는다. 누구 부부는 항시 좋기만 하겠는가마는 오랜만에 꽉 묶어 놓은 안 식구들 데리고 위로 겸 해외 나들이를 해 보려 하는데 흐린 하늘 틈새로 되비치는 찬란한 햇살이 마냥 흥겹기만 하다. 비가 좀 온들 무슨 소용이 있으며, 탈이 되겠는가. 우리를 태울 비행기는 아무 이상 없이 떠난다니.

3시 30분부터 탑승 수속이 시작되었다. 이번 캐나다 여행에는 여행사 사장님이 특별히 가이드로 함께 하여 처음 미주여행 길이라도 안심이 되었다. 안내원이 모든 수속을 다 밟고 있어 따라만 다니지만, 이제는 한 몸이 아니오 소집단이라 누가 어디에 있는지 늘 주의가 가고 신경이 쓰인다.

몸속에 있는 모든 것을 다 내놓으라는 까다로운 검색대를 통과하고 마지막 탑승 대기 장소로 가서, 꿈에 그리던 캐나다행 비행기 타기만을 기다리고 있는데 이것도 여행의 한순간이란 생각이 들었다. 우리 외에 수많은 사람들이 대기하고 있는 걸 보니 우리나라도 이제 세계 속의 한국이 아닌가 한다.

오후 5시 발 비행기는 무사히 인천공항 활주로를 이륙하였다. 큰 집채만 한 기체가 서서히 떠올라 금세 구름 위로 올라갔다. 처음 타 보는 아낙들(지금은 도시 아줌마이지만)의 눈에는 정말 두려움과 불안이 겹치기도 한 듯하였으나, 이내 안심이 되는 듯, 기내 아가씨가 주는 음료수를 잘 받아먹는다. 우리가 탄 비행기는 캐나다 공항이어서 승무원도 대부분 외국인이다. 곁에 와서 무엇을 드시겠느냐고 영어로 지껄여서 무슨 말인지 잘 알지도 못하지만 눈치는 있어서 손가락질을 한다. 골라낸 것이 겨우 콜라 아니면 사이다.

이 비행기는 캐나다 밴쿠버를 향하여 논스톱으로 달리고 있다. 고도 4850m, 풍속 68m, 캐나다까지 8195km를 언제 날아갈까. 지금 비행기는 일본을 지나 북태평양을 거쳐 동쪽으로 거슬러 올라가기 때문에 하루를 뒤로 하고 있는 것이다. 오후이므로 점점 밤이 되어야 할 텐데 날짜 변경선을 지날 무렵 어두워지는 듯하더니 금방 밝아진다. 한국 시간으로 밤 12시.

우리나라에서 같으면 깊은 잠에 들어 있어야 할 시간, 하늘 높은 곳에서 들리는 것은 고공을 스치는 기체 소리, 엔진 소리 뿐. 잠을 청하나 오지 않는다. 하룻밤을 하얗게 지새우고 말았다.

첫 도착지 밴쿠버에서

　시차에서 오는 피곤함으로 무거워진 눈꺼풀을 비비며 맞이한 캐나다. 캐나다의 날로는 29일, 우리나라보다 하루가 늦은 셈이다. 캐나다 첫 귀착지는 밴쿠버. 그 묵중한 기체가 서서히 공항의 활주로 위에 멈추어서야 긴 여정의 긴장이 풀렸다. 근 13, 4여 시간 동안의 고공 호텔 생활이 너무 부담스럽기도 했지만, 이국땅에 발을 디뎌 본다는 설렘으로 화끈거리는 여름의 열기마저도 못 느낄 정도였다.
　우리나라와 같은 위도의 국가여서 그런지, 계절은 여름, 방학을 하기가 바쁘게 달려온 몸이라 노독은 더 크련만 신천지를 찾는 기쁨에 정신은 더 말짱하지 않은가.
　캐나다는 무비자 국가다. 사실은 우리 모임이 미국 여행을 시도했지만, 비자 발급이 까다로워 포기하고 말았다. 요즘 미국은 9·11 뉴욕 테러 이후, 입국하려는 외국인에 대한 비자 발급 조건이 까다롭다 한다.
　우리나라를 무비자 국가로 취급해준 캐나다, 그러나 입국 수속은 예상외로 까다로웠다. 철저한 신분 조사, 입국 수속 절차는 이 나라를 찾는 손님을 불쾌하게 만들 정도였다. 미리 기내에서 잘 작성했어야 할 입국 수속 서류를 제대로 쓰지 못하여, 다시 쓰다 일행과 떨어져 숨바꼭질한 사건은 길이 잊지 못할 캐나다 여행의 한 추억거리가 될 것이다.

철저한 몸수색과 함께 첫 관문을 통과하여 이제는 무사히 입국할 수 있겠지 하였지만 그런 기대는 큰 잘못이었다. 둘째 관문은 더 복잡했다. 또 다른 서류를 작성하게 하고 정말 관광 목적으로 왔는지의 사실 여부까지 확인하는데 현지 가이드가 시키는 대로 했지만 영어로 쓰여진 데를 얼른 이해 못하여 많은 시간을 지체해야 했다. 이제 둘째 관문을 통과했으니 더이상 검사가 없겠지 하고 화물이 나오는 곳으로 가 화물 회전대 옆에 서서 내 화물이 발견되기를 기다렸으나 회전대가 몇 번 돌아가도 보이지 않았다. 한편 놀랍기도 했지만 그러나 실망은 하지 않았다.

항공사처럼 신뢰할 만한 곳은 없다는 것을 알기 때문이다. 언젠가 호주 갔을 때의 일이다. 내 짐은 아니었지만, 그때 우리 일행 중 한 사람의 여행 가방이 항공사 측의 부주의로 딴 비행기에 실려 가버렸다. 하지만 며칠 뒤에 그 가방은 어김없이 본인 수중에 돌아온 것을 보았다.

한참 헤매다 우리 짐을 찾았다. 어떤 분이 우리 가방을 엉뚱한 곳에 내려놓았지 않았는가. 어떤 과잉 충성자에 의해, 우리 내외만 한동안 애를 탄 것이다. 이때 우리 가이드는 혹시 딴 비행기로 실려 가지 않았는가 하고, 공항 직원에게 달려간 뒤라, 나는 나의 화물을 찾음을 그에게 알리려고 쫓아갔다. 이게 또 탈이 된 것이다.

가이드와 함께 다시 내 화물이 발견된 곳으로 와 보았지만 우리 일행은 물론 한 사람도 보이지 않았다. 나중에 알고 보니 우리 일행은 보이지 않는 모퉁이 화물대 옆에서 우리 세 사람을 기다리고 있었던 것이다. 결국 그분 중 나의 아내와 또 한 분이 세 번째 관문을 통과하지 못하고 만 것이다. 다행히 한국계 공항 직원 덕택으로 여권을 가진 우리 아내는 풀려 나왔으나, 여권이 남편에게 있는 분은 이민국으로 끌려가 조사를 받게 되어 좀처럼 나오지 않는 것이다. 사소한 실수로 함께 여행을 하지 못할 뻔한 사건이 아닐 수 없었다.

씁쓸한 입국 수속이 끝난 뒤에, 사실 이것도 큰 경험이고, 외국의 사정을 잘 몰라서 겪은 일이었지만, 하마터면 현지에서 이산가족이 될 뻔했던 사건, 아니면 일행 중 한두 사람은 여행을 못하고 귀국 조치를 당할 뻔했다.

공항 대합실로 한 번 빠져나오면 다시는 안으로 들어갈 수 없다는 철통같은 캐나다의 출입국 관리, 생각도 못한 한국계 공항 직원의 고마운 도움으로 순간의 긴장이 모두 순조롭게 해결되었지만, 한동안 애탔던 기억은 좋은 추억만은 아니다. 최근 한국인은 물론 동남아인들이 들어오기 쉬운 캐나다로 입국하여 미국으로 밀입국하는 경우가 너무 많아, 캐나다 당국은 입국 수속을 까다롭게 한다는 것이다.

밴쿠버 공항 도착부터 기분이 언짢았지만, 한사코 감정을 억제하며 새로 맞이하는 현지 가이드(한국계, 이름은 김응석)의 친절한 안내에 따라 공항 밖으로 나섰다. 언뜻 눈에 띄는 이색적인 모습의 차, 16인승 정도의 소형 관광차가 우리를 기다리고 있었다. 우리 종친 일행은 서울에서 합세한 또 다른 한 가족 4명과 동행하게 되었다.

참으로 친절하고 싹싹한 캐나다 동포 가이드를 만나 큰 실수 뒤의 쓸쓸한 기분은 사라지고, 새로이 전개되는 이국의 풍치에 모두 취하여, 기쁜 안색이 역력했다. 여행처럼 즐거운 것은 없다. 억눌렸던 일상의 틀에서 벗어나서, 누구에게 구애받지도 않고, 부담 없이 담소하며, 여유로운 시간을 가질 수 있으니, 더 이상 좋을 수가 없다. 우리와 일행이 된 서울분들은 해마다 방학이면 해외여행을 다닌다 한다. 어머니와 아들, 딸, 이모, 작년 겨울 방학에는 유럽을 갔다 한다. 40대 중년 여인 어머니와 중학교 1, 2학년인 남매는 돌아가신 어머님처럼 모시고 다니는 애 엄마의 이모까지 함께 해외여행을 할 수 있는 다복한 가정인 것 같다. 아버지는 사업이 바빠 함께 못했지만, 쾌히 가족의 여행을 허락하셨다니 선진된 부러운 가정임에 틀림없다.

캐나다는 우리나라와 같은 위도에 위치한 온대와 한대가 함께 하는 광활한 국가다. 비교적 겨울이 길고 여름이 짧은 나라로 지금은 바야흐로 무더운 여름철이다. 미주 북쪽에 위치한, 천혜의 자연이 태고의 원시림 그대로 살아 숨 쉬는 곳이기도 하다. 국토의 면적은 약 1천만㎢, 우리나라 46배의 크기. 인구는 3천3백만 명에 불과하지만 세계에서도 가장 복지 정책과 시설이 잘 되어 있어 살기 좋은 선진 국가로 소문나 있다. 여자들이 존경받고, 어린이와 노인이 대접을 받고 사는 나라라 한다.

따라서 최근에는 우리 한국인들이 대거 이민 와 살고 있다. 각광 받는 한국 이민 1번지 국가가 된 것이다. 영연방 국가의 하나, 입헌 군주 국가로 지금도 영 여왕이 형식적으로는 국가 원수이나 실질적인 통치권은 총통이 쥐고 있으며, 13개 주가 자치적으로 잘 운영되고 있는 선진 부국이다. 정말 여러 인종이 많아 정작 누가 이 나라

주인인지 모르겠다. 다민족 국가로, 모두가 주인이다. 방금 술 취한 흑인이 백인 옆에 와서 주정을 하지만, 백인은 본체만체한다.

밴쿠버 시내

 가이드는 차에 오르자마자 이곳을 소개하기 시작했다. 비록 일행은 15명 안팎에 불과했지만, 마치 군중을 대하듯 열변(?)을 토했다. 이역만리 낯선 땅에 온 우리들은 한 가지도 놓치지 않으려고 귀를 기울였지만 어찌 다 이해할 수 있었겠는가.
 사실 이 땅에는 인디언이라 하는 원주민들이 오래 전부터 살고 있었지만, 구미인들이 세계 정복에 나서면서 죽고 찢김을 당해 산 속 깊이 숨어살거나, 멸종되다시피 되어버렸다. 지금은 영국계, 프랑스계 인들이 다수 살고 있기 때문에 언어도 영어, 불어가 주로 통용되고 있다 한다.
 이곳 밴쿠버섬은 1707년 영국 해군 중령이었던 싸이먼 후레저에 의해 유럽 각국에 알려졌지만, 그는 동양인 줄 알고 항해하다가 발견하게 된 것이다. 밴쿠버시는 1986년 엑스포 세계 박람회 개최로 세계적으로 유명해졌지만, 사실상 그 해안을 낀 아름다운 자연 경관은 세계 4대 미항 중의 하나다. 이곳에는 우리 교민이 3만 명이나 살고 있으며, 유학생만도 4만 명에 이른다고 한다.

시가지를 지나면서, 시내에 있는 묘지와 납골당이 있는 곳을 보았다. 납골당의 규모에 따라 집안 역사를 알 수 있으며 묘지 옆이 집값이 비싸다고 한다. 조상 숭배를 잘 하는 나라 같으면서도 묘지를 혐오시 하는 우리 민족과 다르게 시내 중심부에 공동묘지를 만들고 공원처럼 여기고 있으니 그들이 더 잘 조상 숭배를 하는 것이 아닐까? 시내의 묘지는 매장 후 25년이 지나면 파묘를 해서 화장을 하고 그 유골은 납골당에 사진과 함께 안치하고 모신다고 한다.

시내를 달리는 대부분 차량들이 대낮에도 불을 켜고 다니는데 이건, 산이 많은 이 나라에 살고 있는 산짐승을 보호하기 위해서란다. 짐승은 불을 제일 무서워하니 불빛만 보면 미리 피한다. 흔히 도로에서 차량에 치어 죽은 짐승의 시신을 많이 볼 수 있는 우리나라 사람들도 대낮에 미등을 켜고 다니는 운동을 벌였으면 싶다.

오후 3시쯤 우리 한국인이 경영하는 한식당에서 요기를 했다. 이곳에서도 한식을 먹을 수 있어 음식 걱정은 안 해도 될 것 같았다.

도착 첫날인 오늘은 밴쿠버 시내만을 구경하기로 했다. 이 시는 캐나다 서부 제일의 항구 도시다. 띄엄띄엄 자리하고 있는 주택, 상가는 혼잡한 우리나라 도시와는 너무나도 달랐다. 한가롭고 여유가 넘치는 분위기다. 시내를 흐르는 유명한 프레저 강을 지나면서 캐나다 성장의 역사적인 이야기들을 들을 수 있었다. 이 강에서는 사금이 많이 났는데 대부분 이민 온 중국인들이 캐고, 그 실익은 본토인들이 빼앗아 갔다 한다.

장장 7,000㎞나 된다는 대륙 간을 달리는 횡단 열차만도 그렇다. 이차 대전(1945년) 중 끌려온 중국인(480명 자원입대)들이 철도 건설 현장에 대거 투여되어 건설했으나, 박한 임금에 노임 착취당하기가 일쑤였고 고된 일로 죽은 자가 부지기수였다. 1936년 시민권을 겨우 얻은 중국인들은 지금 세계적으로 유명한 차이나타운을 건설하며 세력을 떨쳐가고 있다.

밴쿠버 시가지를 지나면서 빨간색 일색인 차이나타운을 구경하게 되었다. 우리 한국 사람이 가장 기피하는 빨간색을 중국 사람들은 왜 유난히 좋아하는지 알 수 없다. 그 민족의 특성상 그런 걸 나무랄 수 없지만, 피를 보는 듯한 느낌은 끔찍하기도 하다. 이 거리는 주로 유흥가로 많은 외래객이 몰려들어 흥청망청하는데, 대낮인데도 거리 곳곳에서는 비틀비틀거리거나, 힘없이 주저앉아 있는 사람을 볼 수 있었다. 그런데 이들이 대부분 알코올이나 마약 중독자라 한다. 갱단에 가입하여 도벽을 일삼는다 하니 인간 파철이 아니고 무엇이겠는가? 대개 흑인들이 이 부류가 많은데 일정한 일자리도 찾지 못하고 주거지도 없는 형편이란다.

지금 캐나다는 세계에서도 가장 살기 좋은 복지국가요, 선진국가다. 그중에서도 여자, 아이, 노인이 살기 좋은 곳이라 한다. 또 땅이 넓고 자연경관이 좋아 살기 좋은 곳이라 하지만 땅은 땀 흘려 가꾸어야 하는 곳이요, 젊었을 때 열심히 일하지 않고 세금 내지 않으면 어찌 이러한 복지의 혜택을 누릴 수 있겠는가. 다음 코스는 서부 밴쿠버이다.

린 캐넌과 그라우스 마운틴

　다시 서부 밴쿠버시로 향했다. 여기는 아름다운 해안 경관을 볼 수 있는 곳으로 산 비탈지에 주거지가 형성되어 있는데, 다 부유한 계층이 주로 살고 있다 한다. 건너편 스탠리 파크에서 바라보는 해안은 정말 여기가 세계 4대 미항 중의 하나임을 절감케 했다.
　오늘 마지막 코스라 할 수 있는 곳, 린 캐넌과 그라우스 마운틴은 이 도시의 명소 중의 명소다.
　오후 5시경, 린 캐넌 주차장에 도착하니, 키 큰 삼나무 숲이 성큼 에워싸기 시작했다. 50m 높이 이상의 거대한 나무 앞에서 난 기가 죽을 수밖에 없었다. 우리나라에는 볼 수 없는 곧고 우람한 크기였기 때문이다. 숲길로 들어가니 통나무로 지은 휴게소가 나왔다. 먹는 차는 물론 각종 관광 상품을 팔고 있었다. 잠깐 사이 사진 몇 장을 찍고 계속 걸어가니 깊은 계곡이 나오고, 쇠줄로 만든 구름다리가 나타났다. 숲이 울창한 계곡에는 맑은 물이 흐르는데, 바로 청류 그대로였다. 이곳은 많은 사람들이 찾아와 삼림욕을 즐기고 간다 한다.

우리 일행도 온 김에 저 계곡 맑은 물에 발이나 담가보고 가자고 하여 한참을 더 걸어가니, 계곡으로 내려가는 잘 닦아진 비탈길이 나왔다.

언제 이곳에 또 오랴! 수만 리 이국땅 깊은 산 계곡 맑은 물에, 이 나이 먹도록 씻지 못한 속세의 때를 깨끗이 씻고 가리라. 곧장 내려가니, 이미 선점하고 있는 두 청춘 남녀, 그들은 누가 오는 것도 아랑곳없이 부둥켜안고 입술을 맞추고 있었다. 어느 나라 사람일까? 동남아 사람 같기도 하는데 저렇게 뜨거운 사랑을 하는 걸 보니, 부럽다고 해야 할까? 장하다고 해야 할까?

6시, 곤돌라를 타고 올라간 그라우스 마운틴, 중턱에서 보는 밴쿠버시는 맑고 깨끗한 공기, 아름다운 천혜의 자연이 어우러져 오케스트라를 연주하는 것 같았다. 겨울철에는 온통 백설로 뒤덮여 유명한 스키장으로 변한다니, 눈 덮인 그라우스 마운틴은 별천지와 다를 바 없을 것이다.

오후 7시가 되어도 해가 지지 않고 있다. 이제 마지막 남부로 갔다. 스탠리 파크, 2만 년 전 베링해협을 건너온 몽고반점이 있는 원주민이 몇몇 살고 있는 곳, 1800년대 말 총독 스탠리 박사가 살았던 지역으로 그가 죽은 후 그의 유언에 따라 공원이 되었다 한다. 그가 생전에 아파트 건설사업으로 누린 부와 재는 모든 사람의 덕택으로 얻어진 것이므로, 그는 다시 "모든 인종과 인류에게 바치노라." 하며 사회에 환원시킨 것이다. 정말 위대하고 멋진 사나이요, 부자라 하지 않을 수 없다.

제일 먼저 영국 식민지가 된 이곳, 1800년대 세계 일주에 나선 일본 황족 일파가 스탠리 공원 앞바다에서 조난을 당했을 때, 영국인들에 의해 구출된 사건이, 바로 36년 동안 우리나라를 식민 지배했던 그 기술을 배웠다는 역사적 사실을 누가 얼마나 알까? 김웅석 이곳 현지 한국인 동포 가이드의 열 받친 설명은, 북경 하늘에서 나는 나비 날개의 움직임이 태평양 한가운데 파도치는 원인이 된다는 '나비 운동'의 원리가 아닐까?

내일 가 볼 빅토리아섬 끝 주청사 건물은 일본이 우리 경복궁 경내에 세운 조선 총독부 건물의 원형임을 아는 한국인이 몇이나 될까? 일제의 조선 총독부 건물은 창작품이 아니라 복제품이라는 사실을 누누이 강조하는 그의 열변에 눈물이 나도 모르게 찔끔거렸다.

서부 밴쿠버는 부유한 사람들이 사는 곳으로 유명하다. 땅값도 비싸다. 1930년대 초 세계적인 부호 기네스 씨 일가가 70만 불 주고 산 땅이 1990년에는 2억 불로 불어났고, 약 10여 년 뒤 지금은 5억 불의 가치가 있다 한다.

이 공원 내에 있는 것으로 또 하나 유명한 것은 불사목이다. 지금은 비록 윗동이 벼락을 맞아 볼품없이 되어버렸지만, 까맣게 남아 있는 밑부분은 대여섯 사람이 휘감아도 부족할 정도로 커다란 거목이다.

빅토리아섬에서

　6시 30분 식사를 마치고 45분 숙소인 쉐라톤호텔을 출발했다. 빵과 과일 몇 조각, 커피로 때운 아침 식사는 밥 먹은 것도 같고, 안 먹은 것도 같다. 오늘은 밴쿠버섬 빅토리아시를 가 보기로 했다.
　위도 47°~48° 선상에 위치한 이 섬은 길이 600km, 폭 80km 크기의 고구마형 섬으로 18세기 빅토리아 여왕 때 영연방으로 편입된 곳으로, 캐나다 식민지화의 첫 전초기지였으며, 여왕의 이름을 따라 빅토리아시가 된 것이다.
　18세기 말 미국과 영국이 오리건 조약 체결로 48° 선으로 미·캐나다 국경선을 설정한 당시, 영국은 이 국경선 아래에 위치한 이 빅토리아(밴쿠버섬) 남부 땅을 지키기 위하여 주 청사를 행정 불편에도 불구하고 섬 남쪽 끄트머리에다 지어놓았다고 한다. 이제는 세계적인 관광지로 연간 500만 명 이상이 몰려온다 한다.
　육지와 섬을 연결하여 주는 다리 역할을 하는 4만 2천 톤급의 거선 페리호를 타 보는 것만으로도 관광 기분은 충분했다. 1963년 제작한 배가 기금도 거뜬하게 운행되는데 80대의 컨테이너 차와 480대의 승용차를 불과 5분 만에 탑승하고 5분 만에 하차시킨다는 가이드의 설명을 듣고 깜짝 놀랐지만, 이 배의 구조는 오로지 하물 중심이 아니라 인간 중심으로 만들어졌다니. 프로펠러도 앞뒤에 달려 있고 앞은 입구요, 뒤는 출구로 되어있다. 우리나라 배처럼 제일 먼저 탑승한 자가 도착지에 가서는 제일 늦게 하차하는 그런 부조리한 구조를 지닌 배가 아니다. 커다란 배에는 차선에 따라 질서정연하게 승차하며, 승차 순번은 도착 순서이니 늦게 와서 새치기하는 일은 있을 수 없다.

둥둥 떠가는 섬 같은 배를 타고, 호수 같은 해안을 유유히 떠가는 기분은 여기가 과연 이국만리, 검푸른 태평양 물이 태고의 숨소리로 찰싹대는 낯선 곳이라 생각하니, 모두들 상기된 표정이 안 될 수 없었다. 1·2층 넓은 객실 의자에 앉아서 주마등처럼 지나가는 경관을 조망하는 사람, 제일 상층인 3층 전망 좋은 곳으로 올라가서 광활한 태평양 바다 위에서 불어오는 산소 풍부한 바람을 쐬는 사람 등등 백인만이 아니라 얼굴이 거무스름한 아랍계, 동남아계, 남미 등 자못 세계 모든 인구가 한자리에 있는 것이다. 모두가 맑은 바람과 아름답고 신비로운 자연에 취할 뿐, 눈을 붉히는 사람이 없으니, 사람의 심성은 색깔이 문제가 아닌 것 같다. 지역 환경에 따라 색깔이, 모양이 조금씩 달라졌을 뿐, 인간이란 점에는 하등 다름이 없는 것이다.

1시간 20여 분 짧은 항해 끝에 다다른 섬, 밴쿠버섬 빅토리아시에는 유명 관광지가 많다. 그중에 오늘의 주 목적지는 부차드 가든. 온갖 꽃과 수목으로 이루어진 세계 최대의 개인 정원이 아닌가!

시멘트 생산으로 떼돈을 번 부차드 씨는 자기가 폐허로 만든 채광장에 다시 흙을 입히고 꽃나무를 심어 자연을 복원하려 했다. 그것이 유명한 부차드 가든이다. 그야말로 폐허된 땅이 다시 세계적인 개인 정원이 되고, 관광 명소가 된 것이다. 장미꽃밭, 튤립꽃밭, 정말 이름 모를 꽃과 나무로 이루어져 지상 낙원 그대로다.

480여 명의 자원봉사자, 정원사 ⅓은 박사요, 젊은 대학생 출신들이 이 정원을 지금도 가꾸고 관리하고 있다. 꽃푯말도 없는 자연 그대로 자라고 있다. 한 지역이 온통 꽃밭이며, 분수를 뽑는 호수는 절경이기도 하다. 여기가 채석을 한 곳이라고는 상상하기도 어렵다. 단지 채석장이었다고 보니 구석구석에 그 광부의 날카로운 괭이 끝에 흘긴 자국이 보일 뿐이다.

1936년 부차드 씨는 죽으면서 유언을 남겼는데, "여기 꽃을 보여주면서 돈 벌면 안 된다."고 했다 한다. 200억 원 입장료는 고스란히 이웃돕기 성금으로 내놓았다. 지금도 이곳 사람들은 부자 부차드 씨 가계의 덕을 자랑스럽게 기리고 있었다.

광활하고 천혜의 자연 조건이 잘 갖추어진 캐나다에 이민 바람이 분 지는 오래다. 한때 농업 이민을 많이 받아들였는데 지금도 마찬가지다. 노동력만 있으면 캐나다로 가라, 한 사람에게 5만 평 이상의 땅을 주고 경작하게 한다. 2년 경작 기간 90% 무이자 대출이 가능하며 면세까지 받는다. 땅이 얼마나 넓던지 말 타고 다니며 논밭을 경작한다고 한다. 농약은 절대 사용할 수 없으며, 농업 박사들이 기술 지원을 하며 경작을 돕고, 생산물은 국가 주도로 경매하여 준다. 그 넓은 땅의 밤은 어떻게 따는가 하였더니, 헬리콥터가 바람을 일으켜 떨어지게 하고, 진공청소기로 주워 담는다고 한다. 모두가 기계로 한다.

부차드 가든 내에서는 술, 담배가 절대 금물이다. 김 가이드는 일행 중 몰래 들여온 술병을 급히 뺏는다. 이곳 준칙, "술은 하늘이 보이는 데에서는 먹을 수 없고, 담배는 천장이 보이는 데에서는 절대 안 된다."고. 꽃 농원은 높은 데서 전체를 바라볼 때 더욱 아름답다. 3700m 고지, 태풍도 끄떡없는 곳.

보릿고개

발행일 2024년 7월 5일

지은이 박태영

발행인 강병욱
발행처 도서출판 교음사

03147 서울 종로구 삼일대로 457 수운회관 1308호
Tel (02) 737-7081, 739-7879(Fax)
e-mail : gyoeum@daum.net
등록 / 제2007-000052호

* 잘못된 책은 바꿔 드립니다. 값 13,000원
ISBN 978-89-7814-992-1 03810

- 이 책 내용의 전부 또는 일부를 재사용하려면 저작권자와 교음사의 동의를 받아야 합니다.
  지은이와의 협의 하에 인지는 생략합니다.